犬の看板探訪記
関東編

太田靖久

小鳥書房

プロローグ

　嫌なことがあって気分が乱れたとしても、それさえできればある程度は気が休まるという習慣を多くのひとが持っているのではないか。

　甘いものを食べるとか、好きな曲を聴くとか、サウナに入るとか。それらは心身のバランスを保とうと試みるささやかな日常的工夫だろう。

　私の場合、「犬を見る」という行為がひとつそれにあたる。なにかしらの出来事により不愉快な気持ちを抱えたまま自宅の最寄り駅に着いたとき、少し遠回りして散歩中の犬に遭遇できないかと辺りを見渡す。どんな犬種でもかまわない。小型犬でも中型犬でも大型犬でも良い。犬が歩いていたり、座っていたり、電信柱の匂いを嗅いでいたりする場面を目撃できれば、不思議と疲れがとれ、いつもの気楽さを取り戻し、心が自由になる。

　ずいぶん手軽に思えるかもしれない。海外に旅行するとか、高価な宝石を買わないとどうにも楽しくならないひとから比べれば、たしかにそうだろう。まったくお金はかからないし、散歩中の犬はそこら中にいるから出会える確率も高い。

　様々な犬たちのたたずまいから感じとれるのは、日々の過ごし方や態度のようなものだ。私が快適に思うニュアンスと犬の在り方には共通するものがある。「犬が歩くように私も歩けば良いのだ」というシンプルな哲学は、どんな先人の金言より私を安らかにしてくれているのかもしれない。

そんな風に犬を愛してきた私が、リアルな犬だけでなく、犬のイラストにも反応するようになったのはごく自然なことだろう。動物病院の看板やアニメのキャラクターとして犬がモチーフになっているケース等、町中で犬のイラストを見つけると、リアルな犬に遭遇したときと同様、愉快になる。

そのなかでも「犬のフンを持ち帰りましょう」といった文言で美化啓発をうながす「犬の看板」は、全国の各市区町村に掲示されており、種類も豊富なため、たくさんの犬に出会うような興奮がある。

最初に写真を撮ったのは2016年だったはずだ。九州旅行の際、太宰府市と記載された看板を見つけ、なにげなく写真に収めた。それをきっかけにして町で見かけるたびに反応するようになり、徐々に夢中になった。今では「犬の看板」目当てで遠征すらしている。

「犬の看板」は簡単に見つかるときもあれば、何時間歩き回っても見つからないときもある。そのさじ加減が絶妙なのだ。そうやって出会いを重ねるほどに意外なつながりが見えてきて、ただのコレクションだけにはとどまらない奥深さに気づくことができる。

私は町を歩きながら、「ああ　日本のどこかに私を待ってる犬がいる」と、『いい日旅立ち』の歌詞を少し変えて小さく歌っている。「犬の看板」探訪がきっかけで初めて足を運んだ土地も多々あり、まさにディスカバー・ジャパンである。

今まで撮りためてきた看板の写真は四百枚ほどだが、継続して新たな出会いも探し求めていくつもりだ。今回の連載では、私が実践してきた「犬の看板」探訪の魅力や楽しみ方を披露しつつ、そのドキュメントを伝えていきたい。

太田靖久

もくじ

プロローグ……2
〈第一回〉埼玉犬・志木駅編……7
column 犬の看板から学ぶ いぬしぐさ……20
〈第二回〉東京犬・23区編 その1……21
column 犬の看板から学ぶ いぬしぐさ……34
番外編 東京・世田谷犬編……35
column 犬の看板から学ぶ いぬしぐさ……40
〈第三回〉群馬犬編……41
column 犬の看板から学ぶ いぬしぐさ……54
〈第四回〉東京犬・都下編……55
guest 滝口悠生……70
column 犬の看板から学ぶ いぬしぐさ……80

〈第五回〉茨城犬編……81
column 犬の看板から学ぶ いぬしぐさ……88
〈第六回〉茨城犬と埼玉犬・おかわり編……89
column 犬の看板から学ぶ いぬしぐさ……102
〈第七回〉山静地方・静岡犬と山梨犬編……103
guest 田中さとみ……120
column 犬の看板から学ぶ いぬしぐさ……128
〈第八回〉福岡犬・遠征編……129
column 犬の看板から学ぶ いぬしぐさ……146
〈第九回〉神奈川犬編……147
guest 鴻池留衣……162
column 犬の看板から学ぶ いぬしぐさ……178

〈第十回〉千葉犬編……179
column 犬の看板から学ぶ いぬしぐさ……192
〈第十一回〉東京犬・23区編 その2とその3……193
guest わかしょ文庫……208
column 犬の看板から学ぶ いぬしぐさ……218
〈第十二回〉栃木犬編……219
column 犬の看板から学ぶ いぬしぐさ……232
〈第十三回〉関東犬・追憶編と参拝編……233
column 犬の看板から学ぶ いぬしぐさ……247
解説 嶋浩一郎……248
エピローグ……252

2023年5月〜2024年4月に小鳥書房のnote上で連載されていた「犬の看板探訪記 関東編」を再編集して本書を構成しています。

「第一回」

埼玉犬・志木駅編

いざ犬の看板天国へ

連載一回目のスタート地点に選んだのは、東武東上線にある志木駅だ。ここは埼玉県の志木市、朝霞《あさか》市、新座《にいざ》市の3つの市が隣接したところにほぼ位置している。

なぜここから始めるのか。

この地に私自身特にゆかりはないし、「犬の看板」発祥の地などのルーツがあるわけでもない。今回の連載を始めるにあたり、まずはなるべく多くの数と種類をサンプルのように提示したいと考えたのが理由である。この3つの市には何度か訪れたことがあり、数も種類も豊富な地域であると知っていたため、導入に相応しいと判断したのだ。

かなりのボリュームになるが、一回目でもあるため、今回の〈志木駅編〉の探訪で見つけた看板をほぼすべて列挙する。ちなみに、看板の数と種

〈埼玉県・志木駅編〉探訪マップ　赤＝今回の探訪地

類が多い地域を【犬の看板天国】と私は呼んでいる。

探訪に際して、いくつかの基本的な「あり／なし」のルールを自分なりに設定している。「なし」のなかでは、Googleのストリートビューなどを使ったネットでの下見はしない、というのは大切にしている。現場に着いたら直感に従い、でたらめに移動する。次の角を曲がれば「犬の看板」があるかもしれない。そんな高揚感を抱えながら偶然の邂逅《かいこう》を待ちわびるのだ。

他方、現場で地図を確認するのは「あり」である。遠出をした際は最初に観光案内所に寄り、駅周辺の紙の地図を入手するようにしている。スマホやタブレットで地図アプリを立ち上げることはせず、その紙の地図だけを頼りに散策するのだ。

便利がおもしろいときと、不便がおもしろいときと、両方存在すると思っている。「あり／なし」のルールをその日の気分で変えることもまた一興だ。

この遊びは私が勝手に実践していることだから、その時々に感じるおもしろさに忠実でありたい。そういう点で、「犬の看板」探訪は自らの状態を見極める行為であり、自分の本当を知っていく冒険でもあるのだ。

必勝パターンはない

２０２３年4月某日、空はくもっているが、雨は降っていない。探訪日和とはいえないものの適度に過ごしやすい気候のため、歩き回ってもそれほど疲れないはずだと思った。昼12時に本連載の担当である小鳥書房の編集Ｓくんと志木駅改札前で合流し、まずは新座市から攻めようと提案した。

今回は地図担当をＳくんにまかせることにした。経験上、繁華街で看板が見つかる可能性は低いので、ロータリーを横目にして住宅街を目指す。

「犬の看板」は公園や学校等の公共施設のフェンスや手すりに設置されているケースが多く、それには理由がある。私が探している市区町村名入りの看板は保健所などが関わっている「公」のもので、当然ながら公的な場所にあるのがまずはスタンダードといえる。ただし絶対とは限らない。「犬の看板」探訪のおもしろさのひとつに「必勝パターンはない」というのがある。公共施設の周辺に必ずあって、そこに行きさえすれば犬に出会えるというのなら、町をさまよう必要はなくなる。そのあたりの確率については深く検証せず、曖昧なままにしておきたい。

路上観察学会等の偉大なる先人たちの業績を鑑みると、「犬の看板」探訪は比較的初心者向きでわかりやすい部類に入るのかもしれない。私よりもいろいろな地を訪ね、たくさんの写真を撮ってコレクションしている方もいるはずだ。

この活動を資料や学問としてとらえるならば、何らかの基準で分類したり、正確な数字の統計を作成したり、設置場所のマッピングをしたりすることには当然意味があるだろう。そういったことに興味がないわけではないが、私自身は少し違う角度から「犬の看板」へのアプローチを情緒的に試みるつもりだ。

自分自身をカテゴライズするなら、犬好きの小説家が始めた「犬の看板」探訪、である。その意味をこの連載のなかでも少しずつ展開していきたい。

志木駅の南口を出てから数分後、記念すべき一枚目の看板を発見した【写真1－1】。シルエット型の犬はちょっと珍しい、このイラストは

1-1

1-2

1-3

新座市でしか見たことがないため、新座市のオリジナルの看板ではないかと推察する。もちろん、のちにほかの地域で同じ看板が見つかってオリジナルではなかったと判明する場合もある。

ちなみに「犬の看板」には大きく分けて【オリジナル系】と【フリー素材系】がある。今後も頻出する用語のため、【フリー素材系】は短く【フリ素系】とする。

そう自分で書いておきながら、【フリ素系】という呼び名には少し違和感がある。【フリ素系】は同じ看板が違う地域にも存在する場合に使用する用語なのだが、あくまで便宜的でしかない。私は犬が好きだから、たとえそれがイラストでも犬に想いを馳せている。同じ看板を違う場所で見つけたときは「この犬はこの地域でも同じたたずまいで活躍しているのだ」と勝手に感動している。

つまり、私にとって「犬の看板」に登場する犬は役者やモデルである。看板が同種類なのではなく、あくまで犬とポーズが同じなのだ。私は犬のモデルのことを【DOGモ】（ドグモ）と呼んでいて、それは「読者モデル」を略した「読モ」（ドクモ）になぞらえた呼称だ。そのことについては別の看板で追々詳しく解説していきたい。

そうこうするうちに二枚目の看板に遭遇した。こちらはずいぶん色あせてしまっていて、結果的にシルエット型のようになっている。これは【フリ素系】で、参考までに私が所沢市で見つけた同じイラストの看板を添えてみる【写真1―2、1―3】。

文言や全体のデザインは異なるものの、プラカードのように警句を掲げる犬の姿・格好は同じである。こうして並べると、シルエット型というより、シルエットクイズの問題と解答のようですらある。

三枚目、四枚目、五枚目はひとも犬も笑顔を浮かべている［写真1－4～1－6］。

新座市のWikipedia（2023年5月現在）には「漫画・アニメ関係には非常に強い街であり、市政もそれを前面に押し出している」とあり、そのことを裏づけるかわいいイラストにも思える。

六枚目は険しい表情のフレンチブルドッグとおぼしきイラストだ［写真1－7］。この顔をぜひ覚えておいていただきたい。

七枚目は自らフンを掃く犬である［写真1－8］。こんな働き者に市

1-4

1-5

1-6

1-7

政をまかせたい。

以上のように少し駆け足気味に看板を紹介したのは、当初の予想通り、新座市が【犬の看板天国】だったからだ。

幸先の良い立ちあがりともいえるが、ほかの地域ではこんなに簡単に見つからない場合も往々にしてある。同行のSくんには「犬の看板」探しは容易だと錯覚させてしまったかもしれない。第一印象はなかなかくつがえらないだろうから、そのイメージが今後の彼にどのように作用するのかは読めない。

1-8

たとえば私にとって北埼玉は鬼門だった。行田《ぎょうだ》市と熊《くま》谷《がや》市は過去にそれぞれ3時間ほど歩き回ったのに一枚も見つけられなかった苦い思い出がある。その手の徒労がSくんを襲う日が来るのだろうか。

結果、新座市の滞在時間はおよそ1時間ほどであり、そのわりに豊作となった。

新座市の看板をある程度見つけたこともあって、今度は隣接する朝霞市に移動した。こちらも大量に発見できたため、つづけて紹介したい。

一枚目と二枚目は犬のシンプルさと色あせ方がとてもよく似ている【写真1－9、1－10】。

三枚目は似顔絵の

1-9

1-10

1-11

カリカチュアと呼ばれるイラストの手法だろうか【写真1―11】。【フリ素系】である。

四枚目のブルドッグはやけに挑発的で、五枚目の物憂げなブルドッグと比較してもおもしろい【写真1―12、1―13】。

六枚目のまゆげ犬の微妙な前足のあげ方がかわいい【写真1―14】。七枚目もまゆげ犬だ【写真1―15】。

1-12

1-13

1-14

1-15

1-16

八枚目は「犬など動物を」とあるから、犬ではないのかもしれないが、なんの動物なのか不明で興味深い【写真1―16】。

九枚目の犬猫は、知る人ぞ知る看板界のスターたちである【写真1―17】。

ほかの地域で登場している様子も紹介したい。こちらは東京都青梅《おうめ》市と茨城県小美玉《おみたま》市の看板だ【写真1—18、1—19】。

　よく見ていただければわかるように、同じ犬猫である。これは漫画の用語でいえば「スターシステム」（※同一の作家が同じ絵柄のキャラクターをあたかも俳優のように扱い、異なる作品中に様々な役柄で登場させる表現スタイル）だ。

　私にとっては、「犬の看板」に登場する犬は役者やモデルであると先に書いたが、こうやって同じ犬猫が埼玉と東京と茨城で活躍していることを目の当たりにすると、そのニュアンスは伝わりやすいのではないだろうか。この犬猫は同じ芸能事務所に所属しており、コンビを組んで関東の看板界を席巻している。いずれは【ＤＯＧモ】を卒業し、銀幕のスターや人気歌手になっていくのかもしれない。

　十枚目はどこかで見た記憶がないだろうか【写真1—20】。新座市にいたフレンチブルドッグである【写真1—7】。

　それぞれの看板を比較していただければ異なる点に気づくはずだ。右上に猫が添えられている。これは目下売り出し中の猫であ

1-17

1-18

1-19

1-20

り、犬と同じ事務所のバーターであると想像する。
十一枚目は十枚目の猫の位置がフンに入れ替わっている【写真1—21】。このフンも同じ事務所のバーターだろうか。それとも魔法かなにかで猫がフンに変化させられてしまったのだろうか。

1-21

1-22

十二枚目は困り顔のイラストが悲しい【写真1—22】。この犬が見つめているのはフンなのか、ハエなのか判然としない。
十三枚目は写真を使ったバージョンでかなり珍しい【写真1—23】。デザイナーの愛犬・愛猫だろうか。もしそうなら、羨ましいほどの職権乱用である。

1-23

十四枚目の看板は、看板の外にも世界があることをイメージさせる点で広がりがある【写真1—24】。
この十四枚目の看板を私たちは小さな商店街で見つけた。雨が降ってきたため、適当な軒下に逃げてしばらく雨宿りをしながら、曇天の空を見上げた。朝霞市を歩いて二時間も経っていないのに、少しおそろしくなるほどの数を発見して

1-24

しまっている。これはもはや【犬の看板天国】では足りない。【犬の看板大天国】と呼ばせていただこう。そう決意したとき、雨は静かに止み、太陽の光が辺りを照らした。

ふたつの市だけでもすでに十分な数を集めていたものの、当初の予定通りに志木市に向かった。ゆるい坂道を下る途中にさっそく一枚目が現れた【写真1－25】。非常にカラフルな看板である。

二枚目の看板は全体が青い珍しいタイプだ【写真1－26】。「必ず」ではなく、「必らず」となっているのは誤字ではないだろうか。

三枚目のブルドッグが発する「ふん」は「フン」とそろえているのだろう【写真1－27】。四枚目のブルドッグは三枚目の犬が狂暴化して進化したようにも思える【写真1－28】。禁止マークを踏みつけている点でむしろマナーに反抗しているのかもしれない。

五枚目はやけに礼儀正しい犬だ【写真1－29】。【フリ素系】であり、実はカラーバリエーションもある。以前に朝霞市で見つけた色違いを添えてみると、自然とアンディ・ウォーホル感が発生する【写真1－30】。

六枚目は電信柱に向かって排

1-25

1-26

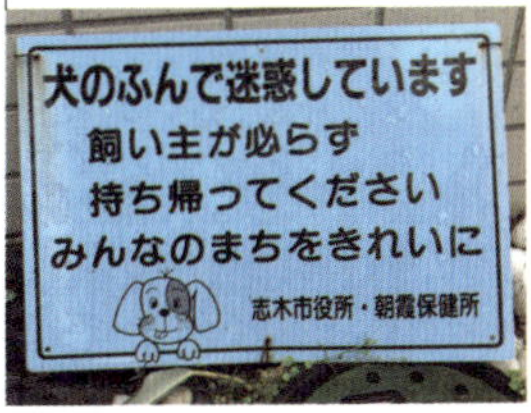

1-27

1-28

1-29

1-30

1-31

泄する犬のイラストだが、本物の電信柱に看板が巻かれている点でメタである［写真1－31］。

七枚目は子供が描いたポスターのようなデザインだ［写真1－32］。公募で選ばれたイラストなのかもしれない。

今後目指すべき場所

そんな風に看板を探し求めて歩きつづけるなか、気がつけば私たちは東武鉄道東上本線の柳瀬川駅近くにいて、駅前専門店街「ぺあもーる」内のベンチに座り、感想を述べあっていた。

道中、「あれは犬の看板ではないか」と私が声をかけても、Sくんが反応できていない状況がたびたびあったことを指摘すると、「どこに目線を向ければ良いのかよくわからなかったんです」と彼は応えた。

「いずれ君も『犬の看板の眼』を獲得するだろう」と、先輩面の私は得意げに予言した。経験を積み重ねることで、雑多な風景にひそむ看板に瞬時にフォーカスできるようになるのだ。

陽は暮れていた。もう看板を探してはいなかった。志木駅から始まったこの半日間の探訪で私たちは大量の犬に出会った。思い出にひたりながら駅に向かっているとき、八枚目の看板がふいに現れた［写真1―33］。

着ぐるみのようなポップな犬の姿に瞬時に癒された。犬が指さす先にはちょうど「街」の文字がある。私たちが今後目指すべき場所を力強く示してくれているようですらあった。

こうやって一回目の探訪は無事に終わった。今回は徒歩だけで回ったが、少しずつ趣向やテーマを変えたりしながら、様々な地域にいる犬たちとの幸福な出会いを次回以降も披露していきたい。

1-32

1-33

初出用語集

犬の看板天国…犬の看板の数と種類が多い地域。おそろしくなるほど数が多い地域は「犬の看板大天国」とも呼ばれる。

オリジナル系…ある自治体にしか存在しない看板の犬。

フリー素材系（フリ素系）…ふたつ以上の自治体に登場する看板の犬。

DOGモ（ドグモ）……犬の看板で活躍する犬。

花を愛する心

長野県松本市の犬

花々を植えて景色をいろどることで、人々の心をおだやかにさせ、無理なくマナーに従ってもらえるようにと導く。『北風と太陽』の寓話のようである。

「第二回」東京犬・23区編 その1

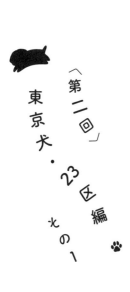

探訪のしおりを用意

二回目の探訪は〈東京犬・23区編〉の〈その1〉である。これは〈その3〉までのシリーズを予定していて、23区をすべて回るのが目的だ。一回の探訪で7〜8区を回り、それぞれの「犬の看板」を無事見つけられれば、三回でコンプリートできる計算になる。ただし各区によって設置枚数にばらつきがあるはずで、そう単純ではないかもしれない。

以前からの活動により、すでに23区の「犬の看板」を写真に収めてはいたため、どこの区は見つけやすい／見つけにくいという情報は頭にある。港区が最も苦戦した記憶があり、そこを攻略するタイミングがポイントになると踏んでいる。適切なルートを組み立てるなど、事前準備も肝要だ。

今回は「東京メトロ24時間券」（※東京地下鉄が発売する一日乗車券）を活用することにした。地下鉄を乗り継いで区から区へ移動したり、駅間を歩くなかで看板を効率よく探すことができると考えたからだ。一回目と同様、編集Sくんとあらかじめ打ち合わせをして、当日の行動計画の作成を依頼した。

彼が大学時代に山岳サークルに所属していたことを私は知っていた。私自身は本格的な山登りを経験したことはないものの、登山に挑む人々は綿密な計画を立てた経験があるのではないかと想像する。

旅に出る前に「旅のしおり」を準備するのと同様、「犬の看板」探訪の予測ルートを作成するのは楽しいものである。ただこれはあくまで目安であって、その都度変更したり、新しいアイデアを足したりして、状況に即した対応をとる必要も出てくるはずだ。

〈志木駅編〉の探訪では、ひとつの市で十枚を超える種類を発見したりもしたが、今回はなるべく

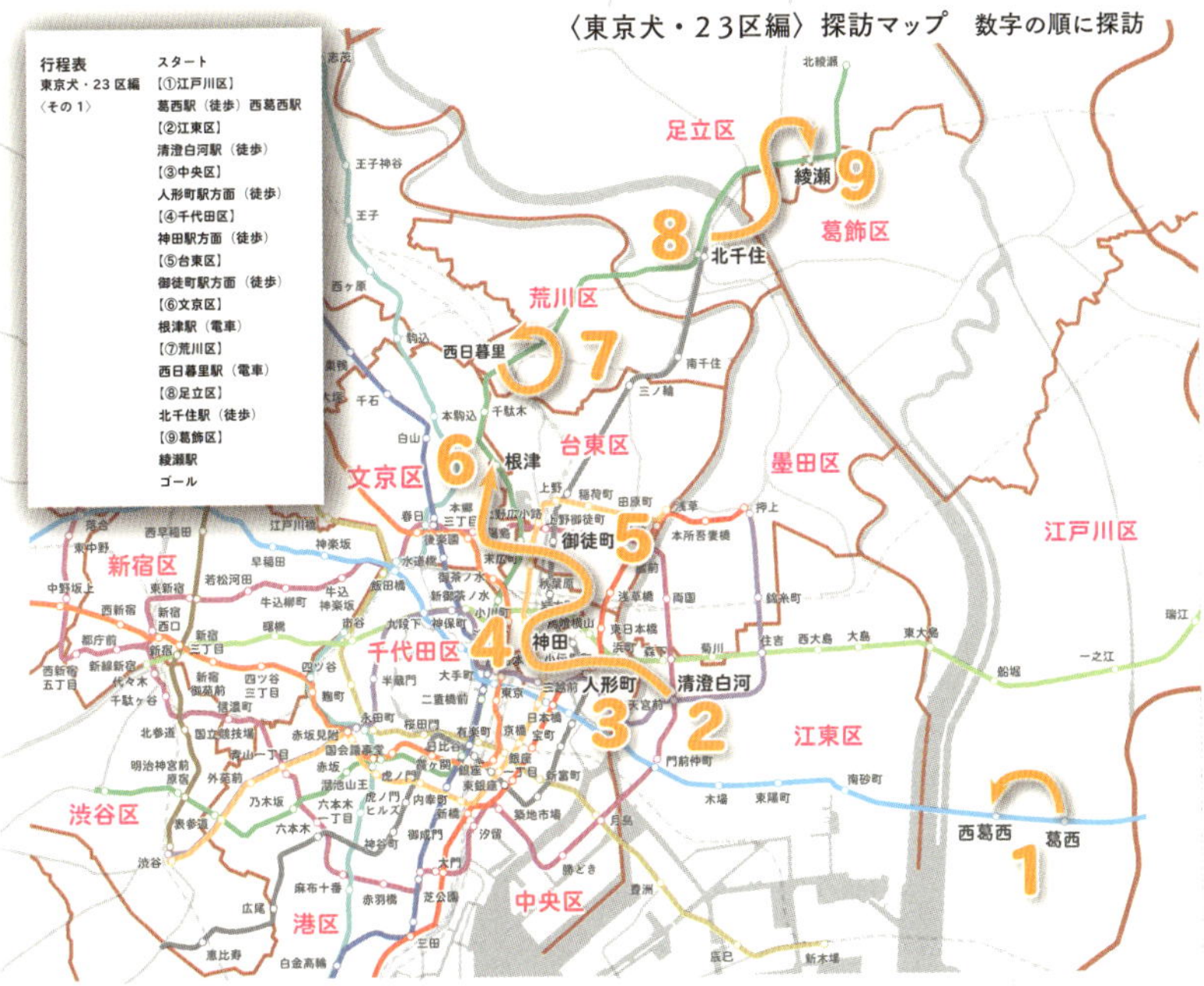

多くの区を回ることも大きな目的の一つである。そのため、一枚目を見つけたあとは同区で二枚目、三枚目と探すのではなく、なるべく次の区に移動しようと決めた。

およそ45分から1時間くらいで1区を回れれば日没までに8区を踏破できるだろう。もちろんこれも大まかな計算であり、電車を待ったり、休憩も必要になるから、その時々の判断が重要になる。

犬と歩く日常の風景

5月某日、朝10時に高田馬場駅の改札前で合流した。印のついた地図をSくんが見せてくれた。最初に東西線に乗って葛西駅に行くとのこと。

券売機で「東京メトロ24時間券」を購

入して改札を抜ける。西船橋方面の階段を降り、電車に乗り込む。30分ほどで葛西駅に到着する。その間は地図を見ながら意見を交わしてプランを再度練り直した。

　Sくんが描いた流れでは、葛西駅からとなりの西葛西駅に歩く間で江戸川区の看板を発見するという目算だった。電車の高架下に設置されているケースは少ないから、軽く遠回りしつつ、西葛西駅方面に向かって歩けば良い。その途中に公園があれば見つかる確率が高まるため、まずは地図アプリを立ち上げて周辺情報を把握することにした。

　北側に小さい公園がいくつか存在するのを確認して駅を出る。その直後に一枚目があった【写真2−1】。

　この看板は数年前にも写真に収めたことがある。このイラストについて誰かに説明するとき、「ぎょうざの満洲を知っていますか？」と私は必ず尋ねる。「ぎょうざの満洲」は主に埼玉県を中心に展開している中華料理のチェーン店だ。そのイメージキャラクターであるランちゃんとこのイラストの子がそっくりなのだ。もしご存じない方はすぐに調べてほしい。「3割うまい!!」のコピーと共に、笑顔を浮かべて指を三本立てているイラストにたどり着くはずだ。

　私のなかで、この看板はそのランちゃんの休日をとらえたワンシーンである。髪型や口の開け方も似ている。普段は制服をまとって店頭に立つランちゃんが、私服姿で愛犬と一緒に散歩しているという設定だ。丸みのある【DOGモ】はチャウチャウだろう。中国由来の犬種だからその辺りの辻褄も合う。

　二枚目の看板は公園

2-1

の樹に巻かれていた［写真2−2］。消えている文字もあるが、犬と飼い主はくっきり残っている。伊達巻のような犬のしっぽがとても良い。しかしこの美しい風景も時間経過とともにやがて白い夢のなかに溶けていく運命なのだ。

三枚目は真っ白い看板だ［写真2−3］。すべての文字もイラストも消えてしまっている。表面の凹凸により、かろうじて「犬の看板」であるとわかる。こうして並べるだけで、命の尊さや日常のはかなさを感じられるのではないだろうか。

似て非なる看板

少し感傷的な気分になりつつ、西葛西駅に到着した。ふたたび東西線に乗り、門前仲町駅で降りる。当初はここから大江戸線で清澄白河駅に向かう手はずだったが、駅間の移動を徒歩にすれば江東区の看板を見つけられるかもしれないと考え、プランを変更した。

仙台堀川の周辺でまずは一枚目を発見した［写真2−4］。徒歩にしたことが功を奏した。「犬の看板」には、擬人化された犬から、

2-2

2-3

2-4

野性味のある犬らしい犬まで様々な種類が登場する。そのなかには「てれる」という高度な感情を持つこんな【DOGモ】もいるのだ。

その近くに二枚目【写真2―5】もあった。リードを装着していない状態を「ノーリード」と端的に表現しているのが良い。このデザインの看板は都内にたくさんあるため「見たことがある」とか「うちの近所にも設置されている」といった声を頻繁に耳にするのだが、それが本当に同じものかどうか、もう一度よく確認していただきたい。

ほかの東京都下の地域で出会った犬たちをいくつか並べてみるとその微妙な差異がよくわかるはずだ【写真2―6〜2―8】。ちなみに、この犬たちを【型抜き系】と命名する。

その犬は白ではありませんでしたか？（福生《ふっさ》市の看板）、その犬に口はありませんでしたか？（武蔵村山市の看板）、その犬は振り返っていませんでしたか？（西東京市の看板）

このように間違い探しをする感覚で探訪を楽しむこともできる。

2-5

2-6

2-7

2-8

都会の犬たちの姿

清澄白河駅に到着した。今度は半蔵門線でひと駅だけ乗り、水天宮前駅で下車した。ここは中央区になる。ここから千代田区、台東区、文京区となるべく無駄なく移動して、次々に発見していきたいところだ。歩みが自然と速くなる。この時点ですでに昼12時を少し過ぎていた。

中央区はオフィス街であり、リアルな犬の気配すらない。犬のいない場所に「犬の看板」は必要ないはずだ。ここでは見つけられないかもしれないと不安がよぎるなか、比較的あっさりと見つかった【写真2－9】。

足を浮かせて看板にしがみつく様子がかわいい。そのままの勢いで千代田区に向かう。

遠目に公園を発見した。看板らしきものも確認できたが、こちらからは裏側しか見えず、それがなんの看板なのかはわからない。小走りで近づく。英語の文言が添えられている珍しいタイプだ【写真2－10】。「犬の看板」には地域性も反映されるのだ。

すぐに次の区を目指す。馬喰《ばくろ》町を抜けて神田川を渡れば台東区だ。公園の入口に見たことのないタイプの看板を見つけた【写真2－11】。トラックの荷台シートなどにも使われるポリエステル帆布という素材だろうか。「公園課」と記載があり、犬

2-9

2-10

2-11

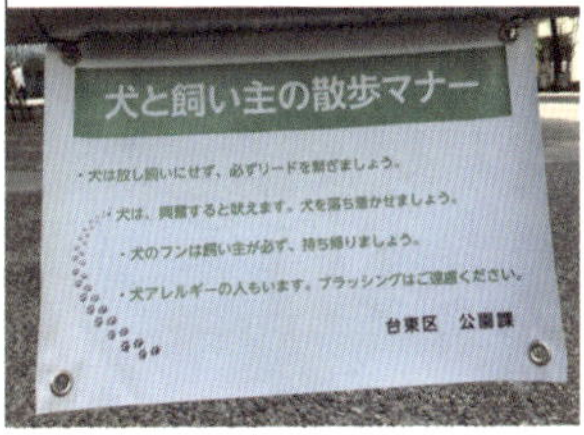

の姿はないが、長々とつづく足跡のイラストが目を惹く。その足跡が二枚目の看板にも侵食している【写真２－12】。

犬の後ろ足が踏んづけられているようにも見える。その様子から察するに、この足跡は犬でなく、別の生物かもしれない。

江東区の「ノーリード」犬と形状は同じだが、目と口に変化があり、マナー喚起の文言もまったく異なっている点も注目だ。

2-12

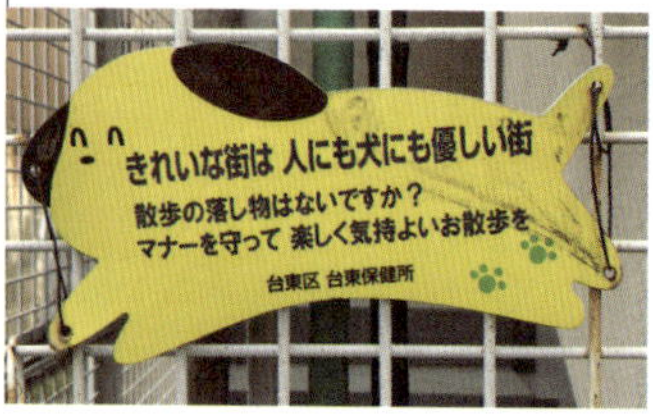

2-13

2-14

予想以上に順調だった。スケジュールに余裕が出てきたこともあり、休憩を挟むことにした。蔵前橋通りにある蕎麦屋「みのがさ」で昼食をとった。次の文京区は23区のなかでは看板の種類と数が多い地域【犬の看板天国】だと知っていたため、だいぶ気が楽になっていた。
あまり会話もないまま黙々と歩き、目を光らせる。探訪に夢中になるあまりストイックすぎたかもしれないが、どれだけ経験を積んでもメソッド化できない部分が大きいことの証左でもある。常に新鮮な体験であるため、適度な緊張感があり、ありふれた風景にもみずみずしさを見出すことができるのだ。
末広町駅をス

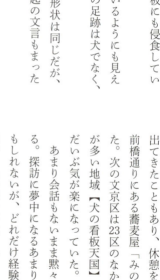

ルーして文京区に入る。一枚目と二枚目の看板はやけに管理組織の名前が多いタイプだ［写真2－13、2－14］。

「文京保健所　富坂警察署　大塚警察署　本富士警察署　駒込警察署」の合計5つである。映画でいう「製作委員会」みたいなニュアンスだろうか。関係者がやたらにいてエンドロールが長いイメージだ。

三枚目の犬猫の遠くを見つめる姿勢が良い［写真2－15］。人間よりもよほど未来に目を向けているのかもしれない。

四枚目は公園のなかで発見した［写真2－16］。「だれがきれいにするの？」のポップでレトロな書体が良い。フォントや絵柄に時代が反映されており、流行り廃りが感じられるのもおもしろい。

五枚目の犬の凛々しいたたずまいが好きだ［写真2－17］。白目の多い目も愛らしい。

文京区は当初の予想通り、たくさんの看板があった。湯島駅から千代田線に乗り、綾瀬駅に向かった。綾瀬駅は葛飾区と足立区の区境にほぼ位置している。

2-15

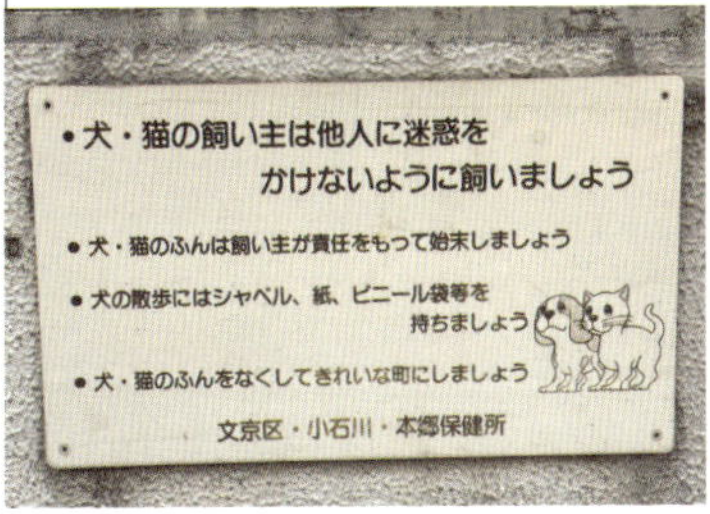

2-16

2-17

反映される地域性

葛飾区からまずは紹介したい。一枚目はどこかで見た記憶がないだろうか［写真2―18］。全体のデザインは異なるが、【DOGモ】は中央区と同じである。

ただしほかにも違いがある。右下に猫がいる。犬にばかり意識が向いているため、猫にはあまり反応しないのだが、このきょとん顔の猫は好きだ。

二枚目はほのぼのとしたイラストでつい見過ごしてしまいそうになるが、明らかにリードが変だ［写真2―19］。手の向こう側までつづいているし、スマホやタブレットの充電ケーブルにも見える。犬型ロボットの可能性が高い。

つづいて三枚目、四枚目、五枚目を一緒に並べてみる［写真2―20～2―22］。

三枚目と四枚目の違いに気づいたのはSくんである。葛飾区の花である花しょうぶのマークの有無とフォントなどが異なっている。険しい表情でいきんでいる犬に目がいきがちで、地元のひとですらこの二枚が別物であることを知らないのではないか。

五枚目はいきんでいた犬が排泄を終えてすっきりしたようにも見えるが、頭にリボンが付いているため、違う犬なのかもしれない。カタカナの「カンサツ」は「鑑札」のことだろう。登録済の証明だ。犬のへそがやけに目立つ。

足立区に徒歩移動する。一枚目の看板が電信柱

2-18

2-19

2-22

2-20

2-23

2-21

2-24

にあった【写真2−23】。

フンに手足が生えていて、自ら歩いている。犬の足も角ばっていてロボットのようだ。葛飾区の犬型ロボットの仲間かもしれない。

二枚目は【公募系】だろうか【写真2−24】。犬の体躯に比してフンが大きすぎではないだろうか。犬のフンだと決めつけられて犬が泣いているのかもしれない。そう考えると犬のフンではない可能性もありそうだ。

三枚目はなにもかも消えかかっていて全体が見えづらいが、丸まっている犬の寝姿がひたすらチャーミングだ【写真2−25】。

四枚目はドラマチックなシチュエーションだ【写真2−26】。つながれた犬と自由な犬が逢引きしている構図であり、看板の手前にある緑色の金網フェンスがそのドラマ性をより高めている。現実の風景とイラストが見事にマッチした好例だろう。

　この時点で8区を回り終え、とりあえずの目標は達成した。ただまだ時間はある。駅前の「カフェリサータ」で休憩を入れたあと、千代田線で綾瀬駅から西日暮里駅に向かった。

　西日暮里駅は荒川区だ。駅の西側に出て、開成中学・高校のある高台に登る。一枚目と二枚目はすぐ近くにあった【写真2－27、2－28】。

　ぶちの模様がよく似ている犬だ。水を飲んでいる子犬を見守っているようであり、二匹は親子の可能性もある。

　三枚目はすでに何度も登場しているが、今回は黄色や白色でなく、青色の【型抜き系】だ【写真2－29】。カラーバリエーションが豊富である。今後ほかの色も出てくる可能性がありそうだ。

2-25

2-26

2-27
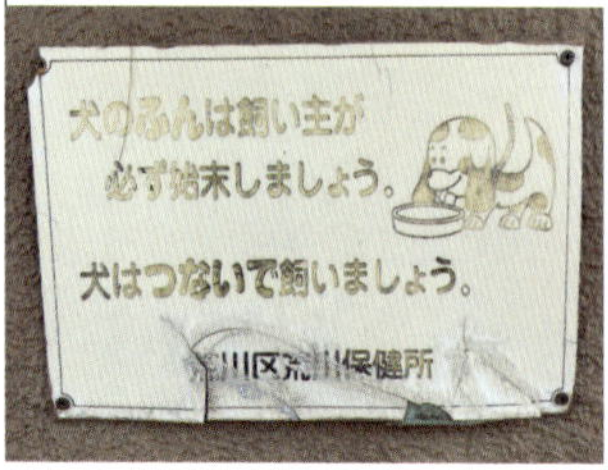

2-28

2-29

2-30

四枚目は今まで出てきた【型抜き系】と酷似しているが、微妙に異なっている【写真2－30】。それぞれ比べてその違いを見つけてほしい。

そして最後の五枚目はすでになじみとなったあの【DOGモ】の登場だ【写真2－31】。

笑顔はさわやかだが、野心家かもしれない。このまま23区の大半を制覇しかねない勢いを感じさせる。この犬が東京中の「犬の看板」を席巻するアイドル犬であることに誰が気づいているのだろうか。こうなると名前を付ける必要がある。【浮き足犬】としよう。

〈東京犬・23区編〉の〈その1〉では合計9区を回ったため、ここで終了とするが、この【浮き足犬】がこれから先の残り14区でも登場することになるのか、私自身非常に楽しみである。

2-31

初出用語集

型抜き系…看板自体が犬の形に型抜きされているもの。

公募系…行政が公募して採用したと思しき看板。

浮き足犬…看板に足を浮かせてしがみつくポーズが特徴のDOGモ。さわやかな笑顔だが、じつは東京中の犬の看板を席巻するアイドル犬。

じょうずに使えています

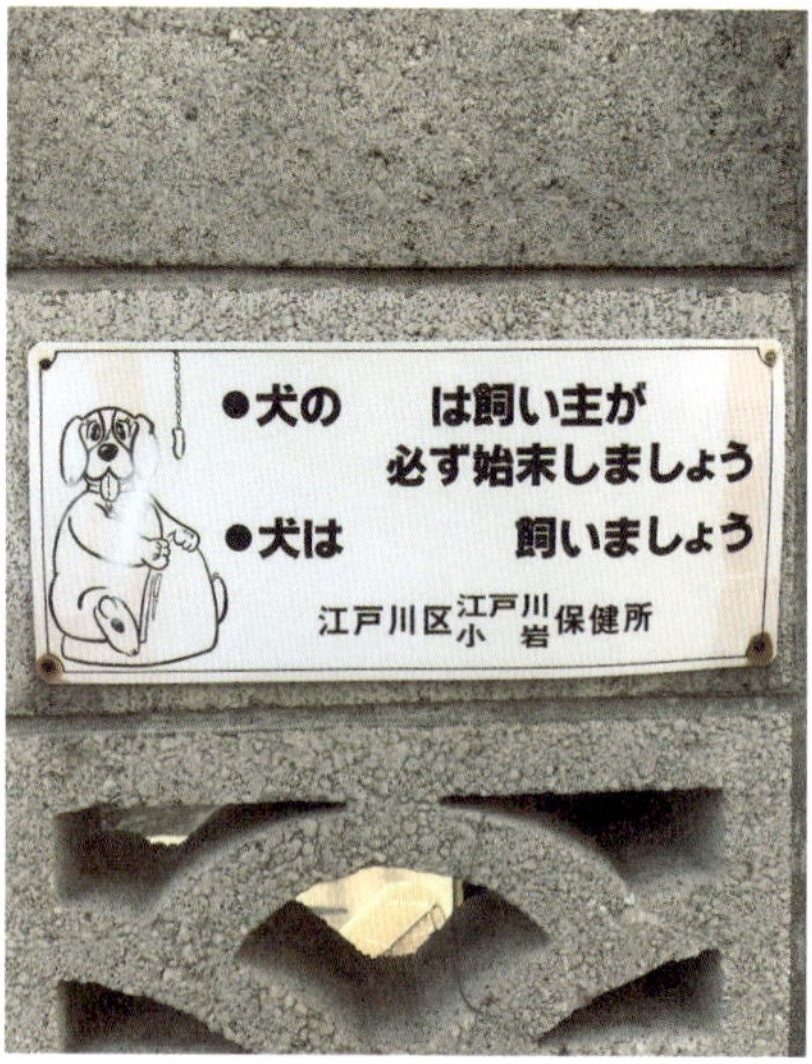

東京都江戸川区の犬

一見そりに乗っているようだが、上からぶら下がるひもが水洗トイレのレバーだと気づけば、和式便器にまたがっているのだとわかる。

番外編

東京・世田谷犬編

特別な日

２０２３年7月6日は私にとって少し特別だった。世田谷区祖師谷にある本屋「BOOKSHOP TRAVELLER」の２階ギャラリーで犬の看板写真展が始まる日だったからだ。

この展示は『『犬の看板』探訪記〜関東編〜』の連載開始記念であり、私が発行している文芸ZINE『ODD ZINE』と、連載の版元である小鳥書房との共同企画ということになっていた。編集Sくんには私の「犬の看板」写真のコレクションを二百枚ほど渡していた。今回の展示の目玉であるその写真をSくんが事前に木製ボードに貼り、ギャラリーの本棚の上に設置するという手はずだった。搬入日は会期初日と同じだった。彼は本屋がオープンする一時間半くらい前に現場に入り、少し遅れて私も合流した。

展示内容に関しては数日前に入念な打ち合わせをしていた。装飾のイメージに関しても私からSくんに伝えており、そのアイデアに彼も乗り気でいろいろと小道具を購入したとのことだったが、

その大半を家に忘れてきたという。まったく悪びれた様子もないため、少しも彼を責める気にはならなかった。

設営作業はそれほど時間がかからなかったものの、装飾類が足りないせいで少し寂しかった。近くの店でなにか買い足そうと私が提案し、彼とふたりで外に出た。そのときに思いついたことがあった。〈東京犬・23区編〉は全3回を予定しており、あと2回を残している。〈その1〉の時は「東京メトロ24時間券」で9区を回ったが、ひとつ懸念事項があった。今後もその同じ券を使用した場合は、23区のなかで唯一東京メトロの駅がない世田谷区を取りこぼすことになる。偶然にも私たちが今いるのは世田谷区である。この展示の設営後に周辺を散策し、世田谷区の「犬の看板」を押さえてしまえば良いのではないかと考えた。

少しルール違反みたいな行為だが、元来自分たちで決めた遊びである。違反もなにもないのである。その意見に彼も賛同してくれて、いくつかの装飾品を買って設営を終えたあと、ふたたび祖師谷の町にくり出した。

世田谷区探訪

　おそろしく暑い日だった。駅前で冷やしうどんを食し、砧《きぬた》方面に向かって歩き出したものの、なかなか見つからなかった。汗が止まらず、息苦しい。搬入のためにいつもより早起きだったせいで寝不足気味であり、すぐにばてた。先ほどの自分の安直な提案をあっさり呪い始めていた。

　この炎天下にもかかわらず、リアルな犬たちは元気に散歩していた。トイ・プードル、ミニチュア・シュナウザー、柴犬、シェパード、ボルゾイなど、犬種も豊富だった。ちなみに、東京23区でもっとも犬が多い地域は世田谷区である。

　自動販売機で購入したコーラはすぐにぬるくなった。さすがに諦めそうになっていたタイミングで遠目に看板らしきものをようやく見つけた。ふたりで急いで駆け寄った。

猫だった。

とりあえず写真には収めたものの、裏切られた気持ちが強くなった。「あっちにもなにかありますよ」と、落ち込んだ私を励ますようにしてSくんが指をさした。緑色のフェンスのところに【型抜き系】とおぼしき看板がある。私たちはもう一度走った。

やっぱり猫だった。

展示に際して世田谷区の「犬の看板」で花を添えたかったのだが、見つけられたのは猫たちだけだった。私たちはそこで力尽き、今回の〈番外編〉を敗北のまま終えることにした。

column 犬の看板から学ぶ

いぬしぐさ

少し様子がおかしい

東京都調布市の犬

横溝正史か江戸川乱歩の本の表紙にでもなりそうな絵柄だ。高らかに笑い、なにかに魂を捧げているようにも見える。理想主義もほどほどが無難だろう。

「第三回」群馬犬編

いざ群馬へ

三回目の探訪は〈群馬犬編〉だ。２０２３年５月現在、群馬県には35の市町村がある。「犬の看板」を探しながら半日程度ですべて回るのは当然ながら無理があるため、事前に探訪予定地域をしぼることにした。以前私が行ったことのある地域ではなく、いまだ訪れたことのない市町村の犬たちに会いたいとまずは思った。

ちなみに私が今まで出会った群馬県の「犬の看板」の一部を先に紹介しておく【写真３－１～３－４】。前橋市、高崎市、桐生市、伊勢崎市である。

今回の探訪は編集Ｓくんが車を出してくれる手はずだった。群馬県の地図を眺めながら事前にルートをシミュレーションしようとしたとき、真っ先に太田市が目に入った。自分の苗字と同じである。十数年前に足を運んだことはあったものの、そのころは「犬の看板」に関心がなかったため、

〈群馬犬編〉探訪マップ　赤＝今回の探訪地

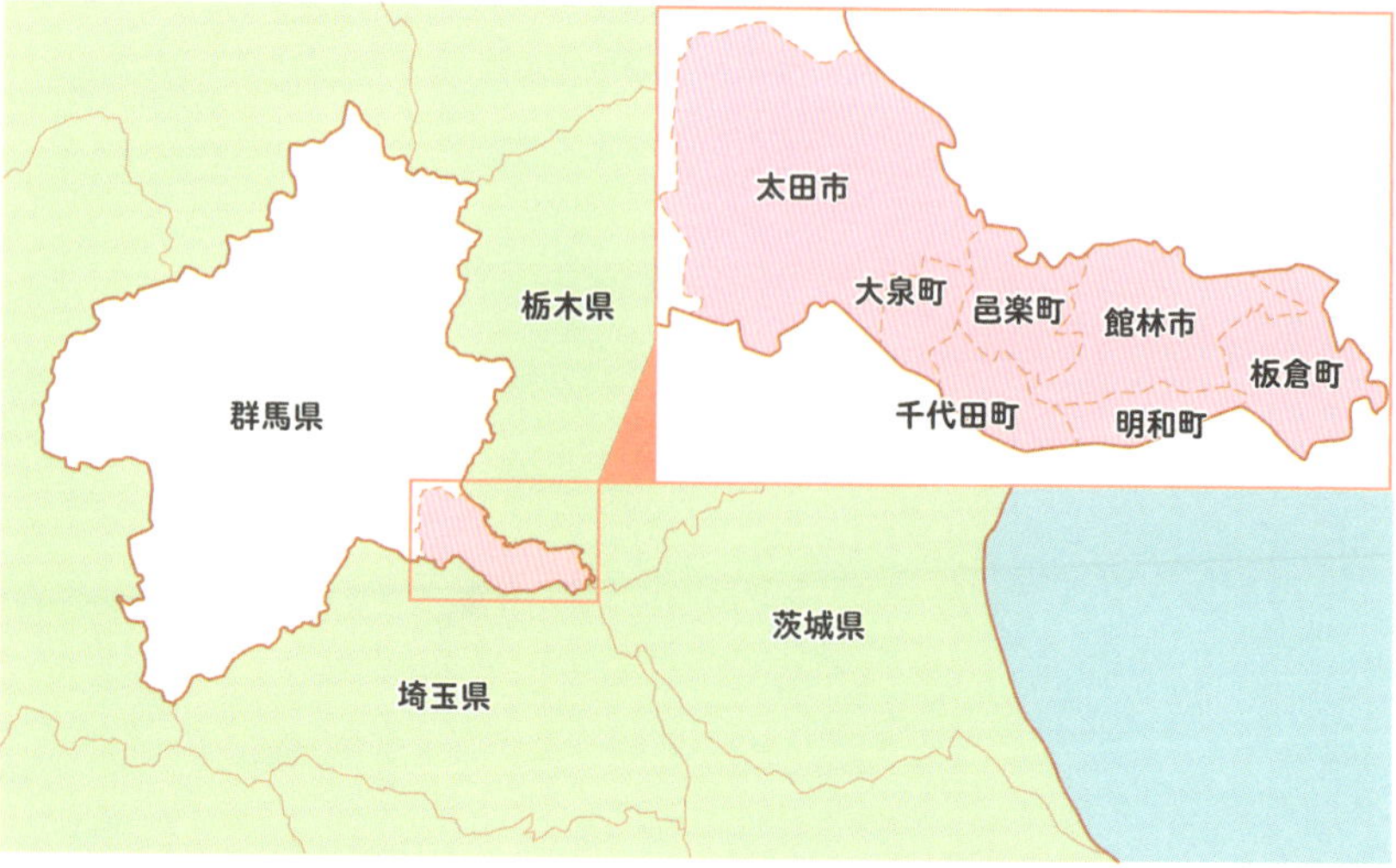

太田市の犬がどんな姿なのかは知らなかった。

太田市から私が連想したのは、ジム・ジャームッシュ監督の映画『パターソン』だ。アメリカのニュージャージー州の都市パターソンに、パターソンという同名のバスの運転手がいて、彼が主人公である。この作品にはキュートなイングリッシュ・ブルドッグが登場しており、かなり重要な役割を果たす。その物語から今回の探訪のイメージがぼんやりとふくらんだ。

太田（私）が太田市に行って太田市の犬（可能ならブルドッグ）に出会う。

特に意味のあるストーリーではないものの、導入として一本の筋が見つかった気がした。ふたたび地図に戻る。太田市の東側に栃木県と埼玉県に挟まるような形でいく

3-1

3-2

3-3

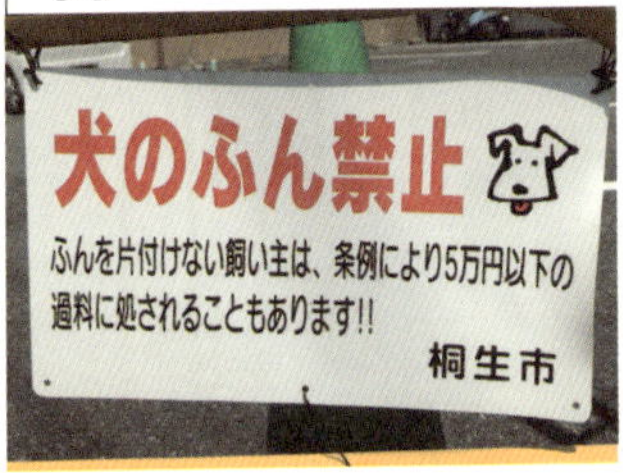

3-4

つかの市町がある。太田市を含めると、合計で7都市だ。今までの経験から車での探訪においては一日7都市を回れれば御の字との計算があり、目標数としても十分だと思った。県の北側や西側をまったく制覇することなく〈群馬犬編〉を名乗ることに後ろめたさを感じつつも、その辺りは開き直ることにして、太田市を軸にした計画をSくんと共有した。

太田市のブルドッグを探す

2023年6月某日、天気はくもりだ。都内から高速道路に乗って群馬県を目指す。旅情が高まるが、浮かれてはいられない。「犬の看板」不毛の地と認識している埼玉県行田市と熊谷市を通過する際、車窓から目を凝らした。

今後の候補には、両市を再訪するというリベンジ企画がある。車から見た限り、「犬の看板」が存在する様子がまったくない。炎天下で合計6時間も歩き回ったかつての恐怖がよみがえる。はたしてリベンジ企画は実現するのか。再訪しても見つからなかった場合「犬の看板」が一枚もアップされない回になり、はなはださびしいことにもなる。ここは慎重に判断しなければならない。

そんなことを考えているうちに車は高速道路から下道に降り、太田市に入った。さっそく適当な駐車場に車を停めて探索を開始した。

白い車が私たちの横で止まり、運転席の窓が開いた。「×××にはどうやって行けばいいですか？」と尋ねられたが、当然ながら土地勘がなく、答えられない。でたらめに歩いているだけで恥ずかしながらなにも知らないのだ。そんな不安な気持ちの私たちを優しく出迎えてくれたのは、例のスター犬たちだった【写真3−5】。

〈志木駅編〉にも登場したこの犬猫は、東京・埼玉・茨城だけでなく、群馬にも進出していたのだ。

慣れ親しんだ軽やかな笑顔に出会えたことで、群馬県が身近に感じられた。その後もテンポよく次々と見つかった。こうなると太田市は【犬の看板天国】の可能性もある。同じ太田として頼もしい限りである。

3-5

3-6

3-7

二枚目と三枚目はどちらも文字やイラストの一部が消えていた【写真3－6、3－7】。赤色などの塗料を使用している部分のようだ。「犬の看板」で主に使われるのは可溶性で有機物の染料であり、水に濡れると色素が溶け出すうえに、太陽光に含まれる紫外線によって発色構造が破壊されるという。特に黄色や赤色は劣化しやすいらしい。イラストや文言の強調部分が先に消えてしまうのはどうにも困りものである。

四枚目は【指導系】と呼んでいるジャンルであり、京都府京都市にも似た構図の看板があるので隣に並べてみる【写真3－8、3－9】。京都市の方は犬が猫たちに指導している点もおもしろい。五枚目と六枚目は管轄名が異なっている点に注目だ【写真3－10、3－11】。

3-8

3-9

3-10

3-11

この【DOGモ】はどちらの管轄にも気に入られている本物の世渡り上手だろう。ひかえめな態度に加え、てれている様子がそのかしこさを表しているともいえる。実はこの【DOGモ】は【フリ素】のなかの【フリ素】と呼べるほど全国で活躍しているため、その処世術をすべての営業マンが参考にすべきかもしれない。この【てれ犬】に関してはほかにも語るべき側面があるため、その機会が訪れた際に詳しく解説したい。

　複数の太田市の犬たちに出会えたことによろこびながらも、肝心のブルドッグが見つからず、少しあせりが生じてきた。洋食レストラン「ビステッカBUN」でランチをとる間もSくんと今後の動きを相談した。次の市町に向かうべきだろうか。このままでは〈群馬犬編〉ではなく、〈太田市犬編〉となってしまう。そんな風に逡巡していたとき、私たちを待っていたブルドッグにようやく出会えたのだ［写真3－12］。

『パターソン』の犬とはだいぶイメージが異なるため、戸惑った。犬小屋の表札に「ぶる」とある。【DOGモ】の名前が判明している珍しいケースだろう。手に持っているスコップが凶器のようでもあり、リードはちゃんと杭に巻かれているようには見えず、こちらに飛びかかって来そうな気配だ。ヒール役として絶賛売り出し中なのかもしれない。犬版の任侠もの映画があれば主役に抜擢されることは間違いない。

3-12

予想とは異なる容姿ではあったが、太田市で無事にブルドッグと出会えたことにカタルシスがあった。しかし群馬犬探訪は始まったばかりである。次の町の犬たちにも会いにいかなければならない。

大泉町に移動後、ふたたび駐車場に車を停めて歩き回る。太田市でも見つけた看板があった。こちらは真新しく、赤色がはっきりしている［写真3－13］。その近くにあった看板は赤も青も消えている［写真3－14］。物件選び

3-13

3-14

と同様、日当たりによって運命が変わることもあるのだ。

すぐ車に戻り、次の邑楽町へ。町名の読み方は「おうらまち」であると、ナビを操作しながらSくんが教えてくれた。結論からいえば、この邑楽町は【犬の看板天国】だった。

一枚目と二枚目は似た特徴がある〔写真3－15、3－16〕。

この二匹の犬はどちらもほぼ二頭身であり、無邪気な笑顔を浮かべている。子犬の【DOGモ】だろう。「犬のおまわりさん」などの童謡を元気よく歌ったりするだけでみんなから拍手が起こるはずだ。

三枚目は新座市にも掲示されていた【フリ素系】だ〔写真3－17〕。犬と人間の顔がそっくりである。飼い主と飼い犬は自然と似てくると言われるが、この看板を見れば納得だろう。

四枚目はポイ捨て禁止の看板と無理矢理一体化させられたことにより、犬と空き缶が同じサイズに見える〔写真3－18〕。子犬の【DOGモ】のさら

3-15

3-16

3-17

3-18

3-19

に下をいく生まれたての【DOGモ】だろうか。てれの仕草が堂に入っており、すでに大物の風格だ。

五枚目はあの太田市で出会った「ぶる」だ【写真3−19】。「条例違反は3万円」や「この看板はペットボトルから作りました」などの文言が足されている。

六枚目の犬はただただ愛らしい【写真3−20】。この犬のワッペンをつくって無地のTシャツやトートバッグに貼り、グッズ化して販売したい。

七枚目は瞳がキラキラした犬だ【写真3−21】。こんな風に見つめられたらフンを放置することなどとてもできないだろう。警句の看板の右下で渋い表情をしているハチとの関係性が気になるところだ。

それほど滞在時間が長かったわけではないのに、邑楽町ではたくさんの犬と出会えた。編集Sくんのテンションも高くなっている。「犬の看板」探

3-20

3-21

訪は今までいろいろな友人と実践してきたが、私以上に夢中になる場合も多い。遅かれ早かれ、ひとは犬たちの魅力に自然と気づいてしまうものなのかもしれない。

試される動体視力

次は千代田町だ。同名の東京都千代田区を連想する。千代田区の犬はシルエット型のスタイリッシュなたたずまいだったが、こちらはどうだろうか。

引き続きSくんに運転してもらい、私は助手席から目を光らせる。野球漫画『ドカベン』に出てくるエピソードを思い出した。主人公の山田太郎が電車に乗った際、通過駅の看板の駅名を正確に読みとることで、彼の動体視力のすごさを発揮するシーンだ。

その要領にならい、風景に集中して「犬の看板」を探す。もはや気分はアスリートだ。その甲斐あってか、走行する車から無事に見つけた【写真3―22】。安全な場所で車を停めてもらい、確認を急ぐ。

よく見ると「I♡ Chiyoda」（アイ・ラブ・チヨダ）と書かれたTシャツを着ていて、そのロゴを指さしている。これも子犬の【DOGモ】だろうか。ふたたび「犬のおまわりさん」の歌声が脳内再生される。

そのまま明和町に向かう。最近その町名を見聞きした記憶があったため、検索をかける。２０２３年４月に同町にコストコができたというニュー

3-22

スに行き当たった。

長い一本道がつづく。たんぼが左右に大きく広がっていて野焼きも行われている。「犬の看板」の気配はまったくない。だからといって「コストコで息抜きしましょうか」とならないのが、この探訪のおそろしさである。

普段の私は旅先で温泉や古い喫茶店を見つけると迷うことなくすぐに入る。そのときにしか味わえない楽しみや発見があるからだ。でも「犬の看板」を目当てにして遠征しているときは、ほかのすべての欲望が見事に消えてしまうのだ。

ようやく住宅街に入った。後続車がいないことを確認しつつ、減速して進むなか、一枚目を発見した【写真3―23】。

今までの看板と比べても格段に警告度合いが強く、インパクトがある。しかしこの迫力ある赤色も太陽の力でいずれ消えてしまうのだろう。

ふたたび車で移動した。二枚目はちょっと不思議な看板だった【写真3―24】。

支柱の取り付け位置を前後で間違えている。ねじを留めるときに気づかなかったのだろうか。しかしそのおかげで「犬が狭い柱の陰に隠れようとしているのに全然隠れられていないキュートな状況」にも見える。私のなかでまた軽快な

3-23

3-24

音楽が流れる。子犬の【DOGモ】たちが「犬のおまわりさん」を歌い終えたあと、童謡「かわいいかくれんぼ」を熱唱し始める。「どんなにじょうずにかくれても　かわいいしっぽがみえてるよ」と。

3-25

3-26

3-27

次は館林《たてばやし》市だ。あの子犬の【DOGモ】がここにも二匹そろっていた【写真3—25、3—26】。この文章を読んでいる皆様の脳内にもそろそろ「犬のおまわりさん」が響いているのではないだろうか。

三枚目の看板は非常にいたたまれない状況だ【写真3—27】。せめてこの迫真の演技により、この【DOGモ】の評価が高まってほしい。

館林市をあとにして最後の目的地である板倉町に到着した。ここにいたのは稀代の営業犬【てれ犬】である【写真3—28】。てれの仕草も慣れたもので、もはや名人芸の域だ。

個人的な心情としては、ラストはその自治体にしかない【オリジナル系】看板で締めたいという願望があるものの、こちらの都合でコントロールできないところが「犬の看板」探訪の魅力でもある。予想外の出来事を許容し、それを楽しめるかどうかで人生のいろどりは大きく変わるのだろう。

初めての風景と出会う

すでに陽がかげり始めていた。当初の目標だった7つの市町を回り終え、無事すべての地域の犬たちと出会えたことに安堵感があった。城沼をのぞむ「Bakery&Café Niwa」に行き、コーヒーを飲みながらSくんと一日を振り返った。彼はスマホの画像をスクロールさせ、群馬犬たちを確認している。その表情が優しい。満足している様子がうかがえた。

「今日は【フリ素系】も多かったですね」と彼。「回を重ねるごとにどうしてもそうなりますね」と私。

城沼の水面が黒く輝いている。「犬の看板」を探すという目的がなければ、この風景にも出会えなかったのだ。そんな想いを巡らせるうちに〈群馬犬編〉は静かに終了した。

3-28

犬のフン禁止!
散歩中のフンは
後始末をしよう
板倉町

初出用語集

指導系…犬が指導するジャンル。犬が犬に指導する場合や犬が猫に指導する場合もある。

てれ犬…てれの仕草が名人芸のＤＯＧモ。全国各地で活躍しており、稀代の営業犬として名高い。

すっとぼけの作法

東京都西東京市の犬

フンの真反対に目線を向けることで、フンとは関係がないと主張しているように見える。排泄した瞬間に決別したくなるほどのフンなのかもしれない。

〈第四回〉

東京犬・都下編

ゲスト：滝口悠生（小説家）

東京都下のDOGモたちを紹介

四回目の探訪は東京犬・都下編だ。東京都下とは、東京23区以外の東京都の市町村を指す。2023年7月現在、都が公開している都内区市町村マップによれば、26市・5町・8村となっている。

東京都下のなかには「犬の看板」探しを開始した最初期に足を運んだ市町も多くあり、私の原点ともいえる。今回探訪した場所は限られているため、それ以外から合計十二枚の看板を紹介する。

〈東京犬・都下編〉探訪マップ　オレンジ＝今回の探訪地／紫＝以前に探訪

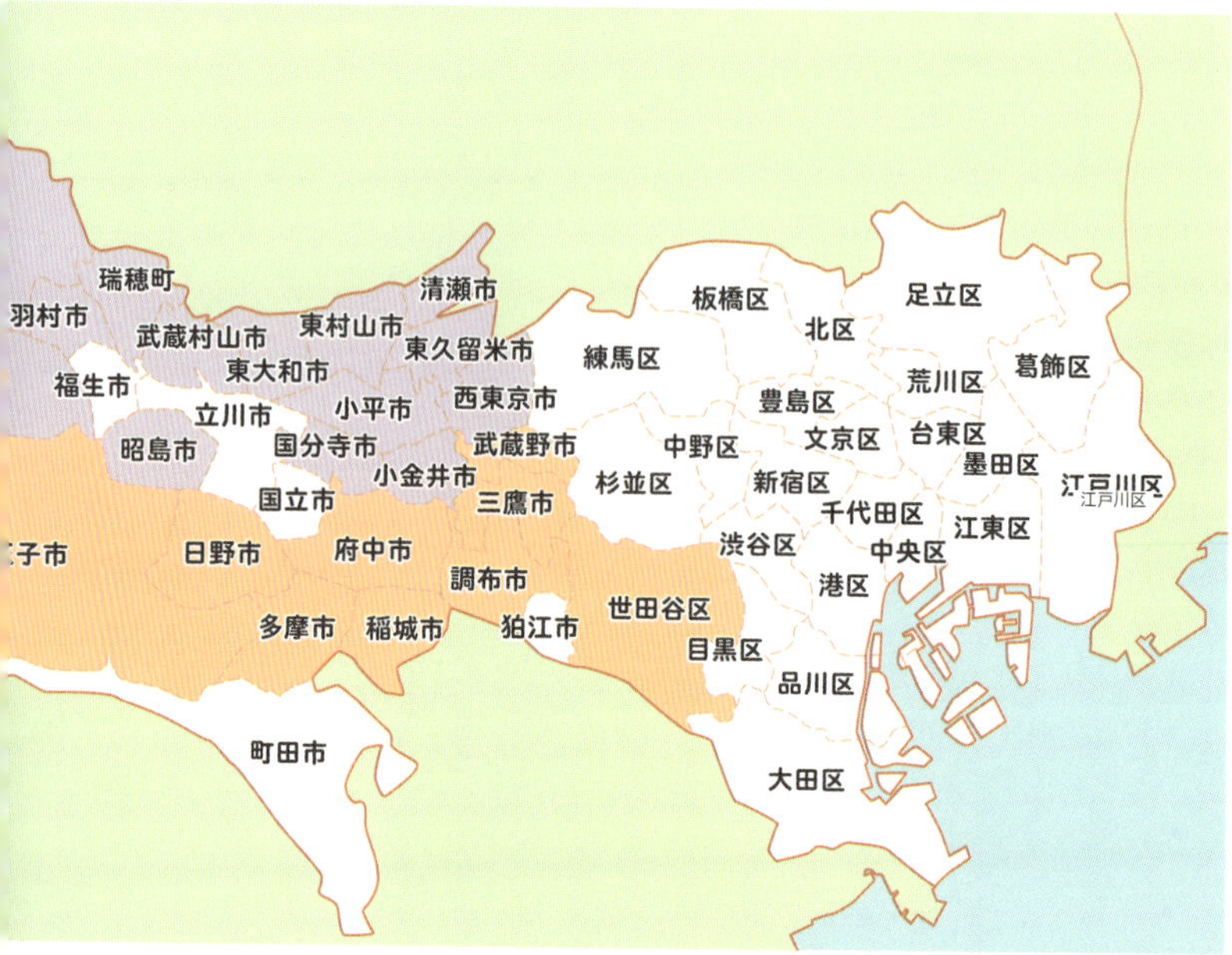

まずは、東村山市、清瀬市、東大和市、青梅市。

【写真4―1〜4―4】

4-1

4-2

4-3

4-4

つづいて、国分寺市、西東京市、東久留米市、あきる野市。【写真4−5〜4−8】

4-5

4-6

4-7

4-8

つづいて、羽村市、小平市、小金井市、昭島市。

【写真4―9〜4―12】

4-9

4-10

4-11

4-12

以上、それぞれの看板について語りたいこともあるが、それを始めるときりがない。こうやって並べるだけでその地域を訪れた際の季節や状況を思い出せるし、すべての【ＤＯＧモ】に愛着があるからだ。

と、ここまでの時点で勘の鋭い方は気づいたかもしれない。「今回は冒頭で看板を出しすぎではないか。本連載は探訪をしながらその都度発見した看板をアップするのが基本であり、コレクションを披露する場ではないはずだ」と。

それには理由がある。先に事情を明かしてしまうと、今回の探訪では今までの三回と比べ、それほど看板を見つけることができなかったのだ。そのため、紹介する体をとって掲載枚数を水増ししたというわけである。

そんな〈東京犬・都下編〉は特別ゲストが参加してくださっている。もし私の自宅にゲストを招待したのなら、豪華な食事をそろえ、最大限のおもてなしで迎えたはずだ。だが「犬の看板」探訪に関してはこちらの思惑など一切通用しない非情な世界なのである。

レジェンドたちの活躍

前置きが長くなった。本筋に入ろう。今回は「京王線・井の頭線一日乗車券」を活用することにした。ゲストの参加は昼ごろである。その2時間前の朝10時に編集Ｓくんと吉祥寺駅で待ち合わせをして、ふたりだけで武蔵野市と三鷹市を先に回ろうと計画した。

三枚の乗車券をＳくんが購入し、私に一枚渡してくれた。改札を抜けて各駅停車に乗り、ひと駅先の井の頭公園駅で下車した。ここはほぼ市境だ。京王線の線路を挟むような形で、東側が武蔵野市、西側が三鷹市である。どちらから攻めようかと思案しながらＳくんを待つものの、一向に現れない。

なにやら駅員と話し込んでいる。しばらくして彼が小走りで近づいてきた。

「吉祥寺駅の自動改札を通ったあと、切符をなくしたようです。とりあえずはゲストの方用の券を使用して出てきました。あとで買い直します」

　いきなりのアクシデントに衝撃を受けたが、Sくん自身は一向に気にしている様子もない。深く追及することは避け、地図を広げた。今回の探訪予測ルートの作成もSくんに依頼していた。

　まずは三鷹市から攻略することに決めた。最初に出迎えてくれたのはおなじみの【型抜き系】である【写真4―13】。

　この笑顔を見ると「今回も始まったな」と感慨深くなり、励まされている気持ちになる。

　住宅街を抜ける中、二枚目の看板に遭遇した【写真4―14】。あのスターたちの奇妙な姿がそこにあった。

　写真の撮り方を間違えたわけではない。このように看板が縦に貼りつけられていたのである。【DOGモ】たちにとって不自然で過酷な状況だろう。そのうえ、針金がそれぞれの頭と身体を容赦なく貫通している。それでも笑みを絶やさないプロ意識の高さに感服する。

　このように三鷹市は「犬の看板」界のレジェンドたちが活躍する地域であった。そのまま武蔵野市に移動し、早々に一枚目を発見した【写真4―15】。

　ふたたびの【型抜き系】だ。グレムリン大量発生である。

4-13

4-14

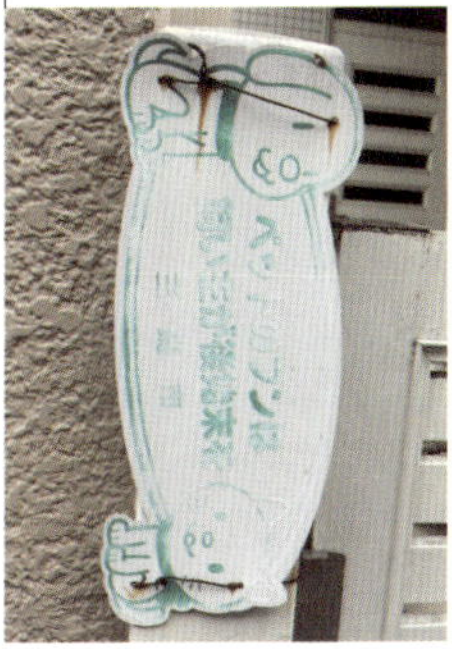

4-15

4-16

4-17

4-18

みたいに水に濡れると増殖するタイプかもしれない。

二枚目はキュートな【ＤＯＧモ】だ【写真４－16】。身体の色味がグレーの壁となじんでいる。壁のなかに住む妖精犬のようですらある。

三枚目は丸まって登場の黄色い【型抜き系】だ【写真４－17】。変幻自在。やりたい放題である。

そろそろ【オリジナル系】の看板に出会いたいと思っていたところ、団地のフェンスに四枚目が現れた【写真４－18】。

シュロの木みたいな飼い主の髪型が良い。その服装含め、１９８０年代的ともいえるし、時代が一巡して令和的ともいえそうだ。バランっぽい適当な草も良い。犬のひげが強調されているのも良い。

この時点で予定していた時間を使い切った。三鷹台駅に行き、乗車した。明大前駅の改札でゲストを待つ。無事に合流後、百草園《もぐさえん》駅を目指した。

ボストン・テリアTシャツで登場の特別ゲストは、小説家仲間の滝口悠生さんだ。滝口さんは町で見つけた「犬の看板」を写真に撮り、時々私に送ってくれている。散歩好きであることも知っていたため、この機会にゲスト出演を依頼したところ、快諾いただけたという次第である。滝口さんのデビュー作の『楽器』は散歩小説ともいえるだろう。

百草園駅は日野市に存在する。隣駅の聖蹟桜《せいせきさくら》ヶ《が》丘《おか》駅は多摩市なので、ひと駅分歩き、両市の看板を見つけるのが最初の目標だ。編集Sくん作成の予測ルートの地図を滝口さんにも渡す。

「縮尺おかしくないですか。効率性と無駄さのギャップがすごい」とコメントしてくれたが、まったくもってその通りである。「犬の看板」探訪はポップな装いのイメージに反して体力勝負の過酷な遊びである。

滝口さんは百草園駅で降りたのは初めてとのことだったが、私も同様のため、まったく土地勘がない。スムースに「犬の看板」に遭遇できるかどうか不安があった。南口を出て川崎街道を東に進む。右手は小高い山になっていて、路地があまりない。このままではすぐに多摩市にたどり着いて

しまいそうだった。そんなときにようやく一枚目が見つかった【写真4−19】。

群馬県太田市では黒以外の色が消えてしまっていた【フリ素系】の看板だ。犬が頬を赤らめている様がけなげだ。

4-19

4-20

三人で初めての看板に近寄って歓喜していたところ、すぐ近くに大きなキャリーケースを傍らに置き、なにかを待っているような雰囲気のひとがいる。そのピンク色のキャリーケースの後ろに白いものが隠れている。また別の「犬の看板」に違いないと確信したが、「ちょっとどいてもらえないでしょうか」と声をかけるわけにもいかず、とりとめない雑談をつづけ、時間をかせいだ。ようやくそのひとが離れたとき、はたして二枚目の看板が現れた【写真4−20】。三日月みたいな形状の頭部がかわいい【DOGモ】だ。

「あのキャリーケースのひとは僕たちの行く手を先回りして看板を隠す妨害行為をしているのではないか」と、陰謀論めいたことを滝口さんが口にしたため、

「我々は巨大組織に狙われていますね」と、私もそれに応えた。

電信柱の表と裏

じきに多摩市に入った。「小野神社は歴史が古いからその周辺に看板があるのではないか」とS

くんから提案があったため、多摩川方面に向かった。神社では看板が見つからなかったが、電信柱に【型抜き系】の看板があった［写真4－21］。

よく見ると管轄が「東京都衛生局」である。多摩市のものではないと落胆したところ、電信柱の裏側に回り込んだ滝口さんが「こっちにもある」と声をあげた［写真4－22］。同じ【型抜き系】でありながら形状が微妙に異なるうえに、こちらは多摩市の看板であった。

このときの高揚感を私は言葉にできない。一連の流れをどううまく描写すれば良いのだろう。とにかく笑いが止まらなかった。すぐそばで道路工事が行われていて警備員が怪訝な表情を浮かべて私を見ていた。小説家として失格だが、このニュアンスはどうやっても伝えられない。いろいろな状況が組み合わさり、偶然が重なって、とてつもなくおもしろいと感じる出来事が「犬の看板」探訪のなかでは起きるのだ。

聖蹟桜ヶ丘駅に着いた。乗車し、府中市にある武蔵野台駅で下車した。隣駅の飛《と》田《た》給《きゅう》駅は調布市だ。今度もひと駅分歩いて両市の看板を探すのが狙いだった。急な坂をくだっているときに一枚目が見つかった［写真4－23］。こちらはほとんど消

4-21

4-22

えかかっていて絵柄が不鮮明だったが、翌日に府中市を再訪する機会が偶然あり、同じ看板があったので撮影した【写真4―24】。

犬が泣いているのが悲しい。他方、警戒心の強そうな猫のふてぶてしさが良い。

型抜き系ばかり

つづいて調布市で発見したのはまたもや【型抜き系】だった【写真4―25】。

「いいかげん色のついたやつを見つけたい。結局この白黒のやつ頼りになっている」と滝口さんから指摘があった。まったくもってふがいないが、この探訪がやらせではないことの証明でもある。

ただここで終わるわけにはいかないと奮起した。前回の〈番外編〉で取りこぼした世田谷区の看板を見つけるべく、飛田給駅から上北沢駅へ移動した。

4-23

4-24

4-25

4-26

しかしここでも私たちを待っていたのは【型抜き系】だった［写真4―26］。

滝口さんに同行していただける時間はもうすぐ終わりだった。どうにかして最後に滝口さんに色つきの看板を見せたいと願うなか、二枚目の看板を発見した［写真4―27］。

ウィッグをかぶっているようなヘアースタイルの【DOGモ】だ。まつ毛がかわいい。

4-27

無事に【オリジナル系】の看板でオチがつく形になり、心底安堵した。滝口さんを桜上水駅で見送ったあと、私とSくんは駅前の喫茶店「月とつぼみ」に入った。チーズケーキを食したら体力が回復した。時間は17時30分だ。日の入りまでまだ余裕がある。少し欲が出てきた。今回は今までの探訪と比して「犬の看板」の撮れ高が不足している。思い切って再度電車に乗り、新たな地域を訪ねることにした。

桜上水駅から稲城駅に移動した。こちら稲城市だ。北口を出て坂をくだる。三沢川沿いを歩いていたら一枚目が見つかった［写真4―28］。【型抜き系】のイラストバージョンのような犬猫だ。二匹の周りに浮いているシャボン玉のような球体にも味がある。

二枚目も川の手すりにあった

4-28

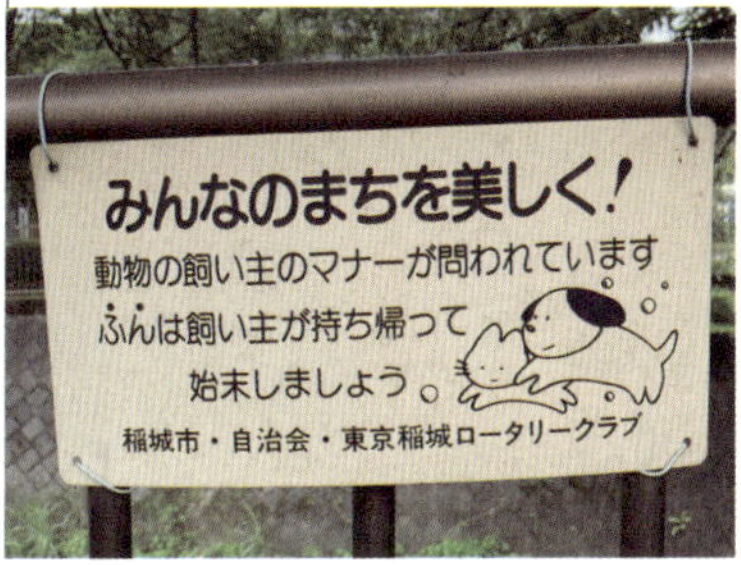

【写真4―29】。おなじみの【てれ犬】に飼い主がいるバージョンだ。実はこの【DOGモ】は別の姿態でほかの看板にも登場している。その看板を一緒に並べてみる【写真4―30】。

こうやって見ると、瑞穂町では洋式便器を使うことができるかしこい【てれ犬】が、稲城市ではつい粗相してしまったようにも見える。そのことをとがめることなくフンを処理する飼い主の微笑みが良い。

急いで駅に戻り、ふたたびくだり電車に乗った。八王子市にある京王堀之内駅で下車した。すでに陽は落ちていて辺りはうす暗かったが、八王子の犬に出会うまでは帰らないと決めた。

幸運の予感

稲城では川沿いで看板を見つけたため、その法則にならい、今度も川を目指した。大田川に着く。群馬につづき、ここでもまた私と同名の「おおた」だ。幸運の予感がした。橋を渡ると、一枚目があった【写真4―31】。

【フリ素系】である。ねばりたい気持ちが芽生え

4-29

4-30

4-31

た。どうにかして【オリジナル系】で締めたい。川の流れに逆らう形で川沿いをさらに進む。橋の側に必ず看板があることがわかった。しかし二枚目も三枚目も【フリ素系】だった［写真4―32、4―33］。

さすがに疲れてきたが、どうにも諦めきれない。これで最後だと言い聞かせて次の橋へと向かう。ドラマを捏造するわけにはいかない。実直に動きつづけるしかないのだ。遠目に橋が見える。看板の存在もかろうじて視認できる。先に行ったSくんがスマートフォンのライトで看板を照らした。暗闇のなかで図柄が浮かびあがる。四枚目は悲願の【オリジナル系】だった［写真4―34］。

とぼけた犬の表情と仕草が良い。この看板を写真に収めたとき、ようやくここで今日は終われると思った。

帰りの電車はお互い無言だった。今回はゲストに参加いただいただけでなく、今までで最長時間の探訪となり、情報量が多すぎて一日を振り返る余裕もなかった。たくさんの犬たちの姿が胸に去来する。ハンドタオルで汗をぬぐう。2023年の夏を生きているのだと実感しつつ、〈東京犬・都下編〉を終えた。

4-32

4-33

4-34

滝口悠生

緊張の初参加、昼飯問題

これまでも散歩中や出先などで犬の看板を見つけたら写真を撮って太田さんに送ったりしてきたが、こうして一緒に看板を探して歩くのははじめてのことだった。

当日は、正午に京王線の明大前駅で待ち合わせとのことだったからその近辺を歩くのかと思っていたら、会うなり一日乗車券と地図を渡され、そこからいきなり小一時間の電車移動で、着いたのは京王線百草園駅。はじめて降りる駅で、読み方もわからなかったが、「もぐさえん」と読むそうで、太田さんも地縁はないらしく道中何度も「もずくえん」と言い間違えていた。

小鳥書房のSさんが制作した地図にはこの日予定された移動ルートが示されているが、それはできるだけ多くの市区を効率的に巡るべく考えられたもので、最初の下車駅が百草園なのも日野市と多摩市の境に近いためだった。聞けば、太田さんとSさんは、すでに午前中から三鷹市と武蔵野市で犬の看板を探して歩いてきたのだと言う。ご苦労なことだ。

お昼ご飯は食べたんですかと訊くと、まだだと言う。私は出る前に食べてきたのだが、どっかで食べてから歩いた方がいいですよ、と言ったが太田さんは、これから行く先で犬看板を見つけるまでは昼飯なんか食べるわけにはいかない、みたいな雰囲気で、そんなことを言う太田さんも心配だが、そんな太田さんに付き合っているSさんのことが心配になる。犬の看板を探して愛でる活動が、そんな体育会系部活みたいな精神でいいのだろうか。

太田さんの犬看板探しに何度も付き合ってると、空腹とか感じなくなってくるんですよね、みたいなことをSさんも言っていていよいよあぶない。

天気予報によれば東京は今日もずいぶん暑そうだった。私は水分補給や栄養補給の大切さをふたりに説き、たとえば犬の看板探しの際は各地の喫茶店などでホットドッグを食べる決まりを設けるなどしてはどうか、とひかえめに提案してみたのだが、車内で地図を凝視する太田さんは生返事をするばかりだった。

犬の看板探しは登山に似ている

百草園駅に到着し、駅を出ると駅前こそ商店が並んでいたがすぐに静かな住宅地に入った。太田さんがたびたび熱弁している通り、ふだんは至るところにあるように思える犬の看板も、探してみるとなかなか見つからない。

歩き出して気づいたが、先ほど渡された地図にはこの日の行動範囲の全域が載っており、それは東京西部のかなり広域に及ぶため、実際に街を歩く道路地図としては縮尺が大きすぎてほとんど役に立たないのだった。地図をつくったSさんは学生時代登山部だったそうで、この地図も基本的に登山の際のルートや、各ポイントの通過予定時刻を示す感覚で作成しているとのことで、道路地図よりは地形図っぽい。

しかし犬の看板探しというのは、別にどこからどこを通ってどこに行き着くかよりも、その行程で柔軟に、犬の看板がありそうな方へ進路をとり、かつ彼らにとっては一日でできるだけ多くの場所を巡りたいようだから、のんびりとあてのない街歩きよりはなるほど登山に似ているのかもしれない。ひとつところに粘ってとどまるよりときに諦めて下山する、つまり次の街へと移動することも肝心である。

最初の看板発見！　しかし……。

日野市の住宅街を歩いていく。同じ造り、同じデザインの住宅が並ぶ一帯はいかにもこのへんらしいニュータウンの均質的な景色で、実際のところは知らないが各区画の美観や風紀も自治的に保たれている雰囲気があり、ということは行政などの犬の看板が掲示される余地もあまりなさそう、ということなのか。

川があったので私は橋を渡って、太田さんたちと川を挟んだ両側を手分けして歩いてみた。するととうとう見つけた！　川沿いの道に開けた住宅の前庭に立てられた小さな板。そこには「かわいいワンちゃんの糞はお持ち帰り下さい。」と家主が手書きで書いたと思しき文言があった。手書きなので犬のイラストこそないが、これも立派な犬の看板だし、自家製だから世界でここにしかないオンリーワンの看板である。私は得意になって、ありましたよー、と川向こうの太田さんたちに呼びかけた。

しかし、橋を渡って彼岸から此岸へとやってきた太田さんがその看板を見た反応は思いのほか薄く、ああー、と看板を眺めるなりため息のような声をもらし、写真撮影をする気配すらないのだった。どうやらこの看板は「不採用」ということらしい。やはり犬のイラストがなくてはだめなのか。私は残念な気持ちになったが、このパーティーのリーダーは太田さんであり、ここは彼の判断に従うべきだろう。私は登山はほとんどしたことがないが、登山中の仲間割れは遭難などにつながるので大変危険だし、山では豊富な経験から導かれる冷静な判断が生死を分けると聞く。この犬の看板探しにおいても、初心者の私がいきなり太田さんに文句を言うのは早計というものだろう。そして実際、太田さんのこの反応の理由はこの日の探索でだんだんと明らかになっていったのだ。

「不採用」の看板たち

このあと日野市と多摩市の境を越え、聖蹟桜ヶ丘駅から電車に乗って武蔵野台駅へ移動し、府中市と調布市の境を歩き、その後飛田給駅から上北沢駅へ移動し私が帰宅する時間まで世田谷区内を歩き、その各所で犬の看板を発見した。その詳細は太田さんのレポー

トにある通りだが、実は道中我々が発見したにもかかわらず、太田さんの記事中で報じられていない看板もある。それは先の私が発見したような、敷地の管理者が個人で作成した看板や、量販された看板プレートなどを管理者の敷地内に設置したようなもの、つまり市区とか保健所などの公的機関のクレジットがない犬の看板である。

数は多くないし、公的機関が設置したものに比べると図柄がないとか、見劣りすることもあるけれども、そのひとつひとつには設置者の切実さが反映されている。犬の看板の最も重要なメッセージは、そこに犬の糞を放置しないでくれ、というものであり、そのメッセージの伝達のニュアンスの差異（丁重なものもあれば、警告のようなものもある）が看板のデザインや文言の差異を生む。いずれも根にあるのは誰かの切実な願いに変わりない。となれば、公的なものよりも個人宅の私設看板こそ、そのメッセージの切実をより直接に反映していると言えないだろうか。

と私は勝手に思うのだが、一方で太田さんとしてはこうして探索の結果を公開する以上、個人の敷地内に立てられた看板に付随するプライバシーとか著作権について考慮する必要があることも理解できる。勝手に誰かの家の庭に設置されたものを撮影して公開し、かつああだこうだと勝手な分析を加えたりすれば、そんなつもりはなくともそれはいろんな権利の侵害に及んでいて、いずれなにかしらの問題に発展する可能性もある。

メジャーデビューしたバンド、公共という線

最近は「小説家」の看板と並べて「犬の看板マニア」の看板も掲げて活動している太田さんである。リスクマネージメントの観点から、「犬の看板マニア」としての探索対象は「〇〇市」や「〇〇保健所」などの設置者が明記された公共性が担保されたものに限る、つまり私設の犬看板は対象から外さざるを得ないのだろう。

それは妥当な判断だと思う。しかし、正直一抹のさびしさもある。それはインディーズの時代から追っていたバンドが、メジャーデビューしてテレビに出たりするようになった、それをよろこばしく思う反面、かつての粗削りなライブパフォーマンスにあった魅力はもう見られない、というさびしさに似ているかもしれない。古参ファンの胸中には、昔の方がよかった、と言ってはいけない一言も過《よぎ》る。売れたバンドがインディーとメジャーのあいだに線を引くように、太田さんも多種多様ある犬の看板のなかに公共という線を引いたのだろうか。

「アンタは行政の犬だ!」

この日、私はその後も私設の犬看板やシール式のものなどを見つけては一応太田さんに報告したが、やはり太田さんは渋い顔で、それを写真に収めることすらしようとしないのだった。

彼が探し求めているのはとにかく公共のお墨付きを得た看板であり、個人作成や市

販された量販品の看板にはほとんど目もくれない。「犬」はしばしば権力やお上に飼い慣らされた存在を表象するが、この太田さんの振る舞いはまさに公私を分断し「公」の側につく振る舞いではなかろうか。そんなことでいいのだろうか。

「アンタは行政の犬だ！　この看板たちに描かれた犬たちはアンタ自身の姿なのさ！」

発見した看板が次々「不採用」となって募る不満に、思わずそんな罵倒の言葉も喉元まで出かかった。

しかし、太田さんと私は短くない付き合いである。彼がいかに犬を愛する人間であるかもよく知っているつもりだ。だから冷静に考えてみれば、彼のその態度、というか判断に、実は忸怩《じくじ》たる思いが潜んでいるに違いないことも想像できてくる。現実と表象の区別すらせずすべての犬を愛でようとする犬馬鹿の彼は、できることならばすべての事情は措《お》いて目の前に現れた犬の看板すべてを愛でたいし、楽しみたいに違いない。せめてすべてを写真に収めて、公開せず私的に楽しむくらいのことはしてもいいと思うが、彼はその欲求さえぐっとこらえて、私設看板の前では無慈悲を装っているのだ。

太田さんは「犬の看板」の小説を書こうとしている

小説家というのはごく公共的なマテリアルである言葉を用いて書いた文章を、これ

また ごく公共的な手段である出版という方法で頒布する者であり、どんな物書きだって常に「公共性」と「私性」のあいだに立っている。

小説家は、作品ごとに「公共性」と「私性」のあいだの、どのあたりにラインを引くかを決め、小説を書く。そこに働く意図や思惑はいろいろで、その個別的な有り様こそがそれぞれの小説家の個別性であり、そこに生まれる作品の独自性につながるのだと思う。太田さんがすべての犬を、そしてすべての犬の看板を尊んでいればこそ、太田さんは公共性の高い看板に対象を絞ることで、彼なりの「犬の看板」についての小説を書こうとしているのだと思う。

犬たちの解放

散歩当日は思わず太田さんの公共性偏重ぶりに不満を抱きかけてしまったが、今では深く反省している。彼が各地で発見し、分析する記事を読めば、彼が引き受けた公共性のうちに潜在するファクターがいかに多彩かがわかる。経年による変色が表す時間、文言の類型、イラストや看板そのものの制作背景、描かれた犬たちの犬種や表情、などなど。彼は行政によって個別性を奪われかけた犬たちにふたたび個々の物語を見出し、与え返していく。それは公私の私を切り捨てる振る舞いなどではなく、公共の線引きの内にある犬たちをその外へと解放しようとする営みなのだ。

小説もまた、言葉を用いる以上は常に公共と私のあいだで語られ、書かれ、読まれるしかない。小説の言葉がほかの言葉と少し違うのは、それはいずれもひとりで行われるところだ。ひとりで語り、ひとりで書き、ひとりで読む。だから、小説の言葉というのは、それがどんなに公共性の高い、汎用性の高い、つまり読みやすい文章であっても、巨大な看板に大きく掲げられるようなことはない。紙であれ、電子書籍であれ、そのフォーマットはいつもひとりで読む用につくられる。小説の言葉は、いつも個人の手元にひっそりとある。路地の片隅で発見されるのを待つ古びた犬の看板のようにである。

小説家の仕事というのは、自分についてうまく語るための言葉がまだ見つからないひとから、うまく言葉を聞き出してあげることだと私は思う。太田さんが看板のなかの犬たちに目を向けるのも、それと同じことをしていると思うのだ。

私の犬の看板活動

私は太田さんほど犬にも、犬の看板にも熱意がないから、今も日々犬の看板を見つけたらそれが公共性があろうがなかろうが、とりあえず適当に写真に撮って太田さんに送る。

知らないひとの家のやつも外から見える分には撮って送る。前に送っ

たのと同じ看板でも送る。私にとっては、今日ここで見つけた看板と、昨日別の場所で見つけた看板は、たとえまったく同じデザイン、文言であろうと、別物だからだ。

実際太田さんがどう思っているかはわからない。迷惑かもしれない。しかしそうやって、太田さんのコレクションに採用されるかどうかは気にせず日々犬の看板を送りつけることが、太田さんの犬の看板コレクションという「小説」に対する私の批評になる。太田さんは、いつどんな看板を送っても必ずコメントを返してくれる。

滝口悠生（たきぐち・ゆうしょう）

小説家。２０１１年「楽器」で第43回新潮新人賞を受けデビュー。２０１５年『愛と人生』で野間文芸新人賞、２０１６年に『死んでいない者』で芥川賞。２０２２年『水平線』で織田作之助賞、２０２３年同作で芸術選奨、「反対方向行き」で川端賞。ほかの著書に『寝相』『ジミ・ヘンドリクス・エクスペリエンス』『茄子の輝き』『高架線』『やがて忘れる過程の途中（アイオワ日記）』『長い一日』『ラーメンカレー』など。共著に植本一子との『さびしさについて』など。

column 犬の看板から学ぶ

いぬしぐさ

AIによる作画でしょうか

埼玉県三芳町の犬

礼儀正しく座り、優しく微笑みを浮かべてはいるが、どことなく生気のない冷たい雰囲気がある。砂場を守る警備犬ロボットなのかもしれない。

「第五回」
茨城犬編

過去へタイムスリップ

唐突で恐縮だが、連載の流れから一度逸れて、およそ6年前の2018年に戻りたい。その年、『犬の看板』探訪記」と題した記事を初めて雑誌に寄稿したことがあった。その雑誌とは『生活考察Vol.06』(タバブックス刊行)であり、編集人の辻本力さんのご出身が茨城県であることと絡め、〈茨城犬編〉を企画した。

今回の書籍化にあたり、その記事を入れ込むことに決めたのは、この〈茨城犬編〉もコンセプトが同じで、つながりを持っているからだ。

一部加筆修正はしているものの、内容はほぼそのままにしてある。この回を第五回として、「『犬の看板』探訪記」という一連の物語のなかにおける回想シーンのような位置づけとしてお楽しみいただければ幸いである。

2018年5月某日の早朝、水戸駅に着くと快晴であった。

茨城県在住のOさんとMさんの協力を得て、水戸市を皮切りに車での茨城犬探訪を計画した。事前に地図で確認し、日没までに8つの市町(水戸市、茨城町、小美玉市、石岡市、かすみがうら市、阿見《あみ》町、牛久《うしく》市、つくば市)を回れるのではないかと目算を立てた。ただ、どの地域でどのくらい時間がかかるのかは実際に現場を訪れてみないとわからない。各地域によって犬のマナーに関しての「意識の高低」に差があり、それが如実に「犬の看板」の設置数に反映されているため、発見しやすさが左右される。

以前、「意識の高低」が地域の境目のところでくっきりわかれているのを目撃したことがあった。市境の道路にバリケードのように「犬の看板」が大量に並べられていて、隣町のフンは絶対に持ちこませないぞという「意識高い系」のすご味を感

5-1

5-2

5-3

じさせられたものだ。

OさんとMさんと合流する前にひとりで水戸市内を歩いた。一枚目の看板はすぐに発見できた。またこれだけでなく、「こどもの安全守る家」の看板にも犬のイラストが使われていたため、こちらも紹介したい【写真5―1、5―2】。

順調なスタートに気をよくしながら、水戸駅のロータリーでMさんの車に乗った。助手席に座るOさんの道案内を頼りにしつつ、後部座席から四方に目を配る。

国道6号線を走り、茨城町に入った直後、歩道橋のフェンスに見つけた【写真5―3】。【フリ素系】である。

OさんとMさんにとってはこれが「犬の看板」を意識的に発見した初めての体験となったわけだが、あまりに早々に遭遇したため「予想以上にスムースにいけるのではないか」とOさんから提案があり、当初の予定ルートをはずれて大洗町まで足を延ばすことにした。

大洗町に到着後、駐車場に車を停めて徒歩で散策した。ここではMさんOさんチームと、私とで二方向にわかれ、先に見つけた方が勝ちというシンプルなゲーム性を取り入れた。人気アニメの聖地巡礼を楽しむひとたちを足早に追い越す。駐車場のフェンスに掲示されていた【オリジナル系】を発見した［写真5－4］。フンをしておきながら知らぬ存ぜぬを決め込んだような犬だ。

Mさん0さんチームに画像を送ってゲーム終了を伝えたのち、ふたたび乗車した。鉾田《ほこた》市は滞在時間が短く発見できなかったが、小美玉市に入り、国道を逸れた細い道で発見した［写真5－5］。

次の石岡市で約一時間休憩を入れた。喫茶店でランチを終え、ふたたび二チームにわかれてすぐ、住宅街の電信柱に巻かれていた看板を見つけた［写真5－6］。

合流後、車に乗る。つづいてかすみがうら市に入った。気がつけば辺り一帯たんぼである。この手の場所には看板があまりないため、市街地の方

5-4

5-5

5-6

へ向かおうとした矢先の農道で遭遇した【写真5－7】。こういったクールなデザインは珍しい。【オリジナル系】だろう。

次に土浦市に入って住宅街を徐行していたとき、駐車場を囲うロープに看板が設置されているのを発見した【写真5－8】。東京都渋谷区でしか見たことのない絵柄であり、渋谷オリジナルのデザインだと思っていたため、非常に驚く。

車を降りて確認したところ、地区名のところに不自然な白いシールが貼ってある。推測するに、駐車場の持ち主が渋谷区の「犬の看板」をもらうか拾ってくるかしたのだろう。よく見ると白いシールが透けていて「渋谷区保健所」の文字がうっすら読み取れた。

渋谷区の看板に不意打ちで遭遇するというおもしろい出来事ではあったが、土浦市のものではないため、ふたたび探す。常磐線の線路沿いの壁に発見した【写真5－9】。

ここまでハイペースで発見できていたため、牛久大仏の見学を予定通り行うことに決める。阿見

5-7

5-8

5-9

町に入ってしばらくすると、遠目に巨大な大仏が突然出現する。そこに向かう道中で発見した［写真5―10］。つぶらな瞳で訴えかける犬猫の様子がけなげである。

　大仏を見学したのち、牛久市内の駐車場に車を停め、ここでも二手にわかれる。住宅街で発見したのは【フリ素系】のなかでも最もメジャーなもののひとつである［写真5―11］。

　この時点でかなり陽がかげってきたため、つくば市は諦めることにした。ただ、最後が【フリ素系】の看板で終えるのは物足りない気がして、牛久市内で別のものがないかと歩き回って二枚目を発見した［写真5―12］。残念ながらこれも【フリ素系】ではあった。

　この看板を撮影した直後に完全に陽が沈んだ。MさんOさんと軽い食事をして、ひとり牛久駅より常磐線で帰路についた。

　今回の茨城県における探訪での成果をすべて見直してみる。犬のイラストのかわいさやバリエーションの豊富さに改めて感心するし、コレクショ

5-10

5-11

5-12

ンが増えたことは単純にうれしかったが、一方でさびしくもあった。その正体はなんなのだろうか。この雑誌は『生活考察』であるから、字義通り少し「考察」してみる。

各地で「犬の看板」を探す醍醐味に興奮している自分の気持ちにうそはなく、実際夢中になってはいる。でもその動機であった「犬への愛」という原点に立ち返ると複雑な気持ちになる。それは、ものを言えない犬たちが政治利用されているように感じるからかもしれない。

犬が排泄するのは自然の摂理である。それを放置する飼い主のせいで犬が責められたらとてもつらいし、そのモラルの訴求を犬が担わされているのだと考えると、いたたまれない。

人々の意識が高まり、犬にまつわるトラブルのない世界がもし自然と広がっていくのだとしたら、もう二度と「犬の看板」が見つからなくてもいいと思えてしまうのは、一つの小さな旅を追憶してセンチメンタルな気分になっているせいだろうか。「犬の看板」探訪をすることで見慣れた風景に埋もれたおもしろ味を発見でき、また、自分がなにを本当に愛しているのかを再確認できて、もっとこの遊びが好きになった。

この一日だけでは茨城県のすべての市町村を回り切れなかったため、いつか再訪することをここに誓います。

以上が2018年の私の文章である。人間の役割を犬に押しつけているように感じられる点に関しては、愛犬家としていまだ心苦しく思っている。

こちらの記事を踏まえつつ、次回以降も探訪をつづけていくことにする。

column 犬の看板から学ぶ

いぬしぐさ

ダブルデートの休日

東京都昭島市の犬

デートの口実として一緒に散歩をさせられているのだろうか。黄色いチョウチョの存在に犬たちだけが気づいているのが良い。

「第六回」

茨城犬と埼玉犬・おかわり編

ふたたび茨城へ

六回目の探訪は〈茨城犬と埼玉犬・おかわり編〉だ。この「おかわり」とは再訪を意味する。まずは茨城犬の「おかわり」から解説し、埼玉犬は追って触れることにする。

およそ6年前の2018年に「犬の看板探訪記」を『生活考察』という雑誌に寄稿した。このときは茨城県水戸市をスタート地点として車で移動し、茨城町、大洗町、小美玉市、石岡市、かすみがうら市、土浦市、阿見町、牛久市を巡った。その文章の締めで「この一日だけでは茨城県のすべての市町村を回り切れなかったため、いつか再訪することをここに誓います。」としたため、今回はその約束を果たすのが目的のひとつである。ちなみにその後に訪れた同県の市町村は2市で、笠間市と古河市である［写真6−1、6−2］。

〈茨城犬・おかわり編〉探訪マップ　赤＝今回の探訪地／黄・青＝以前に探訪

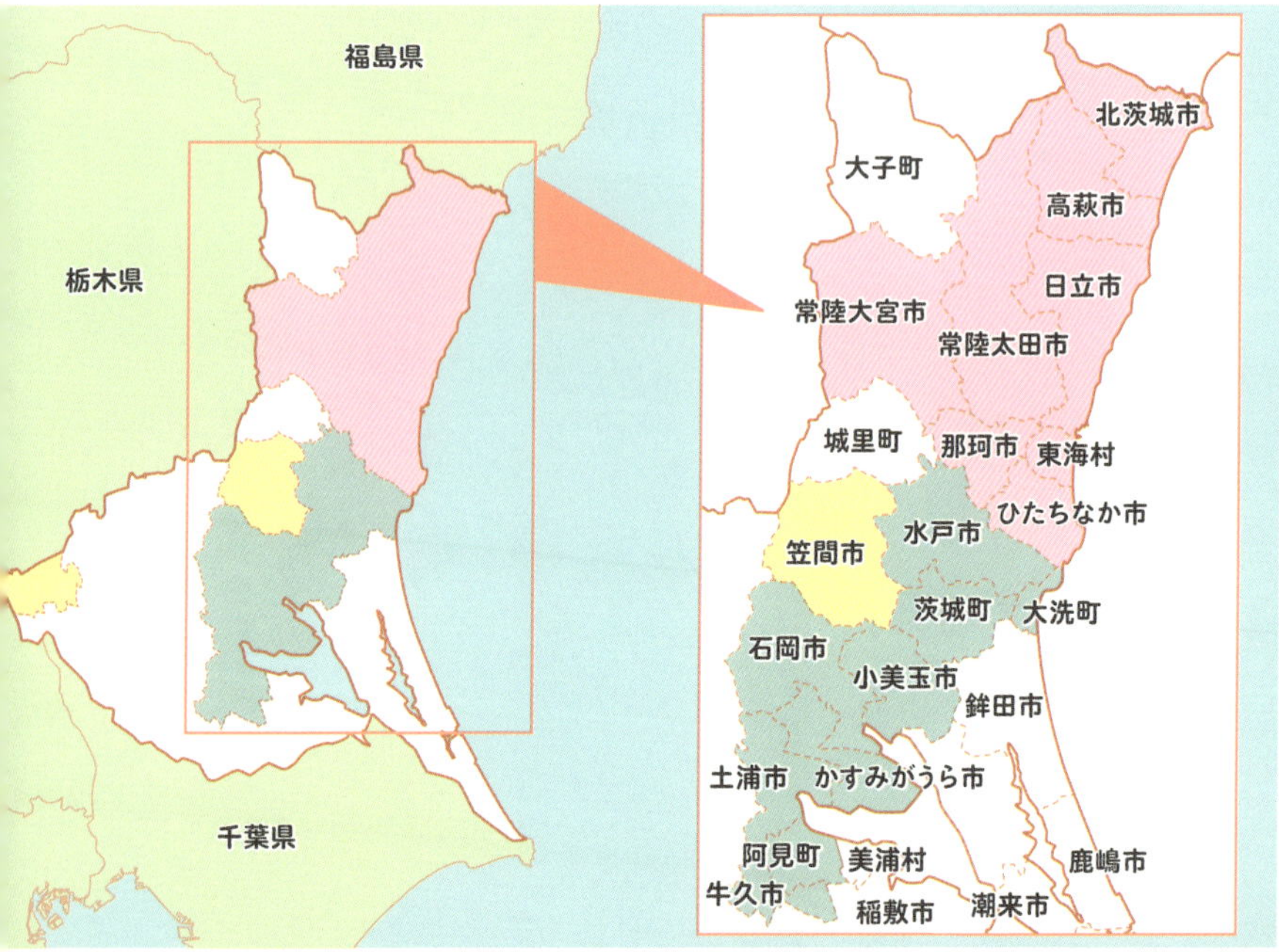

茨城県の地図を確認する。水戸市より北には足を運んでいないことを改めて認識した。目に入ったのが常陸太田《ひたちおおた》市である。前々回の群馬県太田市と同様、自分の苗字と同じ地域の存在にふたたび意識が向き、ここを軸にしようと決めた。

　今回も編集Sくんの運転による車での探訪だ。8月某日、都内に朝7時に集合した。高速道路に乗り、茨城県の最北にある北茨城市を目指した。災害級とうたわれる酷暑が連日つづいていたが、空には厚い雲が広がっていて陽射しのきつさがなく、多少は過ごしやすい。「遠くの山の緑を見ているだけで癒されます」とSくんがつぶやく道中の序盤は順調だったが、事故による渋滞に巻き込まれ、かなりの時間をロスしてしまった。

　北茨城市に着いたときは11時を過ぎていた。もろもろの都合で16時には帰路につく必要があったため、滞在時間は約5時間弱ということになる。せめて7都市は回りたいと思いつつ、自ら設定したノルマがプレッシャーにもなった。光り輝く海をゆっくり眺める余裕はない。

　最初に発見したのは茨城県が管轄の看板だ【写真6－3】。プリントアウトした紙をラミネートしてホッチキスで留め、板に貼りつけている。

　形の整ったフンがやたらと散らばっている。数えると5つある。トングでフン

6-1

6-2

を拾う人物がビニール袋を持ってはいるが、到底収まりきらないだろう。いたずらっぽい表情の犬猫がその顛末を見守っているように映る。味のある看板ではあるものの、次は市の看板を見つけたいところだ。市役所方面に向かおうとした途中、二枚目の看板があった【写真６－４】。

6-3

6-4

片膝をついて犬と目線を合わせているのが良い。この看板からは瞬時に物語が浮かんだ。どこかの国の王子が人間の本性を見極めるために犬に姿を変え、婚約者を探す旅に出るというファンタジーだ。行く先々で嫌な目にも遭うが、最後に心優しきパートナーと出会う。その「誓いのお手」がこの場面である。このように物語を喚起させてくれる看板は【物語系】と名づけよう。

世界が立体的になる

車に戻り、国道6号線を南下した。前述の〈茨城犬編〉の取材時に「茨城のひとが下道で東京に向かう際はこの国道を利用する」と教えてもらったことを思い出した。あのころはまだ「犬の看板」探訪を始めた初期のころだった。現前する風景にオリジナルの遊びを重ねることで世界が立体的になっていく。そのおもしろさにすぐに夢中になったものだ。

高萩市に入り、適当な路地に折れて看板を探す。一枚目を発見した［写真6－5］。シルエット型の渋い看板である。犬が直立しているように見える一方、しっぽとおぼしきものが実は左の後ろ足であり、それを高く掲げた排泄の瞬間にも解釈できる点に注目だ。

そのそばに二枚目の看板があった、クエンティン・タランティーノ監督の『レザボア・ドッグス』に出てきそうな【DOGモ】である［写真6－6］。

これはだまし絵みたいだ。紳士然としたたたずまいであり、凛とした犬の表情から真面目さのようなものが感じられるが、首元のそれはネクタイではなく、フンの入った袋である。

車に戻り、ナビで日立市役所を目的地に設定した。市役所の向かいの建物に「元気café すけがわ」と看板がある。カレーライスは破格の300円だ。早々に食事を済ませてふたたび乗車した。市役所の近辺では見つからなかったが、JR日立駅近くでようやく発見した［写真6－7］。

緑色があざやかだ。日立製作所のCMに登場する「日立の樹」を想起させる緑だ。

急ぎ東海村役場を目指す。その周辺に複数の看

6-5

6-6

6-7

板があったが、すべて【フリ素系】であった［写真6－8～6－10］。

時間が限られていることもあってどうしても駆け足ぎみになる。取りこぼしがないだけ幸いといえるだろう。次はひたちなか市だ。こちらは小さな公園に設置されていた［写真6－11］。

大きなヘッドフォンで音楽でも聴いているような【DOGモ】だ。国営ひたち海浜公園で開催された ROCK IN JAPAN FESTIVAL に参加していた可能性もありそうだ。

つづいて那珂《なか》市に移動した。穴埋めクイズのような看板があった［写真6－12］。消えてしまった文章はいったいなんだろうかと、想像力が刺激される。

6-8

6-9

6-10

6-11

6-12

フェイク看板にご注意を

ようやく常陸太田市にたどり着いた。ここでは【フェイク看板】と呼んでいる看板が豊富だったため、先にそちらを紹介したい［写真6－13～6－16］。「不法投棄禁止」や「ポイ捨て禁止」などの美化

6-13

6-14

6-15

6-16

啓発をうながす看板だ。これらが豊富な地域には「犬の看板」も多い傾向にある。フェイクとはいえ、ひとつの目安にはなるのだ。そんな常陸太田市の看板はすべて【フリ素系】だった［写真6－17～6－19］。【オリジナル系】を見つけようとねばったものの、【フェイク看板】の数々に何度も惑わされたこともあり、諦めた。タイムリミットが迫る。次の常陸大宮市を最後にすると決めた。

6-17

6-18

6-19

高萩市でも遭遇したこの看板は、実は色付きだったことが判明した［写真6−20］。

この時点ですでに16時を過ぎていた。喫茶店で反省会をする間もなく、東京に戻らなければならない。この短時間で8都市を回れたことに満足したものの、看板の写真自体は少ないのが懸念事項だった。

車中でSくんと話すうちに「一日の探訪で一本の原稿をまとめるという方法に縛られなくても良いのではないか」と結論した。そのため、連載一回目の〈志木駅編〉で訪れた埼玉県も別日に再訪し、新座市、志木市、朝霞市以外の埼玉犬たちに会いに行くことに決め、〈茨城犬・おかわり編〉をひとまず終了とした。

6-20

ふたたび埼玉へ

〈茨城犬・おかわり編〉の探訪から数日後の〈埼玉犬・おかわり編〉である。目標としたのは埼玉県の中部にある市村だ。いまだ訪れたことのない地域が集中していたため、ここを選択した。

レポートを披露する前に、中部以外の地域で私が訪れたことのある同県のほかの市の看板の一部をまずは紹介したい。狭山《さやま》市、飯能《はんのう》市、さいたま市、戸田市である［写真6−21〜6−24］。

こちらはすべて【オリジナル系】とおぼしき看板だ。この〈埼玉犬・おかわり編〉でも新たな犬たちとの出会いを期待したいところである。

今回も編集Sくんとともに車で出発した。天気は快晴で、気温は35度近い。長時間歩き回るには危険な暑さだろう。高速道路を降りて午前10時すぎに長瀞《ながとろ》町に入り、長瀞駅近くの駐車場に車を停める。自然と荒川に足が向いてしまう。名物の岩畳に行き、ボランティア・ガイドのひとと話したり写真を撮ったりして旅の気分を味わう。今回のテキストの前半部分である〈茨城犬・おかわり編〉はすでに書き終えていたため、気持ちに余裕が

6-21

6-22

6-23

6-24

〈埼玉犬・おかわり編〉探訪マップ

赤＝今回の探訪地／青＝第一回で探訪／黄＝以前に探訪

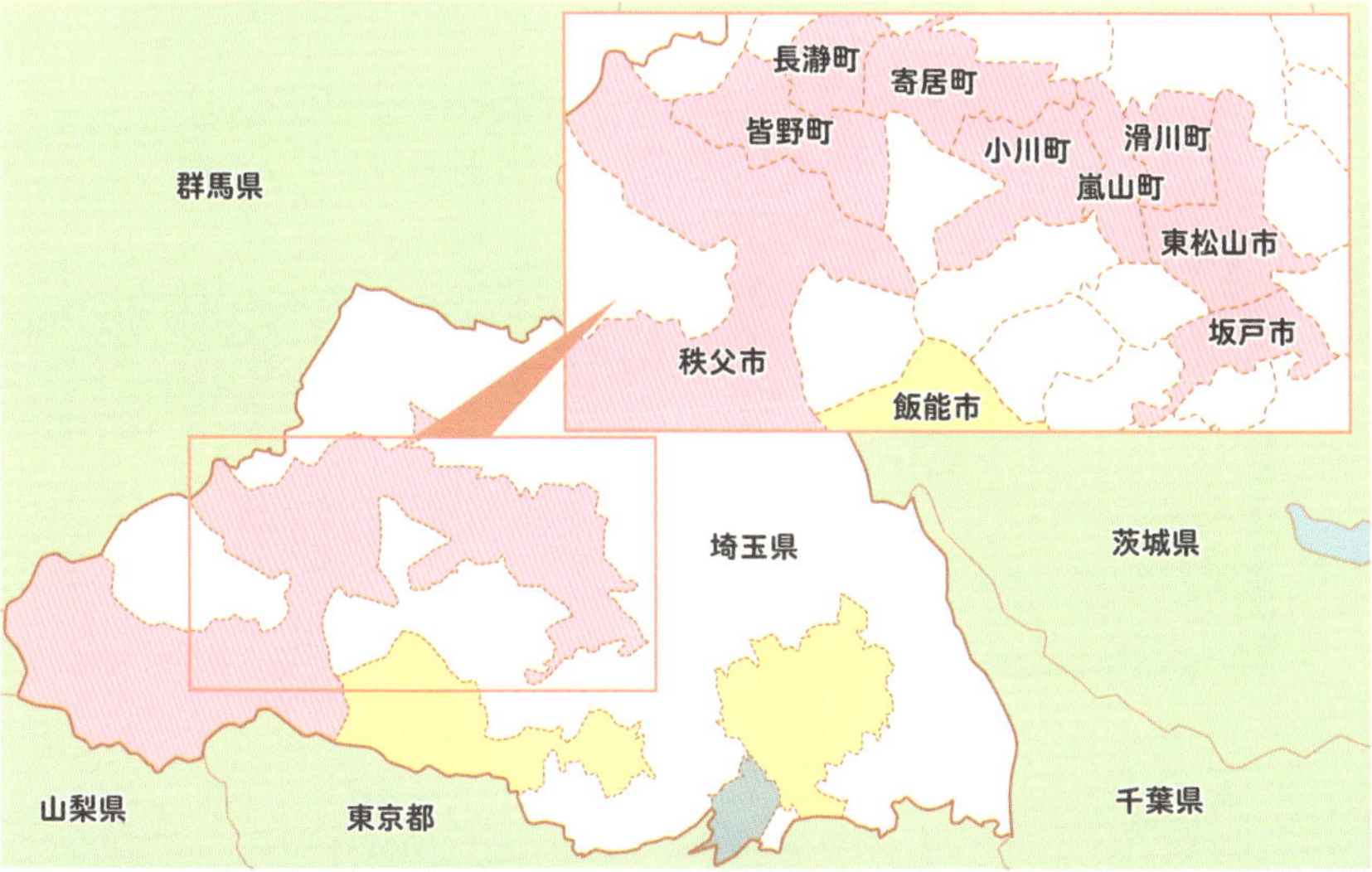

あったのだ。

お土産屋でレトロなファンシーキーホルダーを購入後、車に戻って探索した。一枚目の看板はすぐに見つかった【写真6－25】。

足の裏が見えるほど勢いのある踏みだし具合が良い。ひかえめな前髪も好きだ。

つづいて皆野町に移動した。なかなか発見できずに諦めかけていたが、赤信号で止まった際に気づいた。とぼけた表情がたまらなく愛しい【DOGモ】だ【写真6－26】。しっぽが揺れているのもポイントだろう。

そのまま秩父市へ。細い道を徐行して進む中、ラミネートの看板があった【写真6－27】。飼い主の足と犬の足の角度がきれいにそろっている点が良い。呼吸を合わせてリズミカルに散歩している証拠だろう。

橋を渡ったときに大きな水門のようなものが見えた。あとで調べたら玉淀ダムだった。このときすでに13時を過ぎていたため、食事処を探した。寄居町にある「台湾料理 吉祥」で小休止したあと、探索を再開する。この町の看板は本連載中

6-25

6-26

6-27

で最も多く登場している【型抜き系】だった［写真6－28］。

次の小川町でも無事発見できた［写真6－29、6－30］。機嫌の悪そうなブルドッグがさらに怖い表情になる進化型の【フリ素系】であり、〈志木駅編〉にも登場した組み合わせである。やはりこの二枚の看板は一緒に楽しむとより趣深い。

つづいて嵐山町だ。一枚目は【フリ素系】ではあるが、本連載では初登場になる［写真6－31］。撮影した看板は色あせ方が激しいため、狭山市に設置されていた同じ看板と比較してみる［写真6－32］。

元々ファンタジックなシチュエーションの絵柄であるが、日焼けによって白飛びしたようになり、さらに白昼夢感が増している。赤いリードが消えたことで放し飼い状態になり、犬と飼い主がより自由になっているようにも見える。この【DOGモ】の犬種がシェットランド・シープドッグなのかコリーなのかは意見がわかれ

6-28

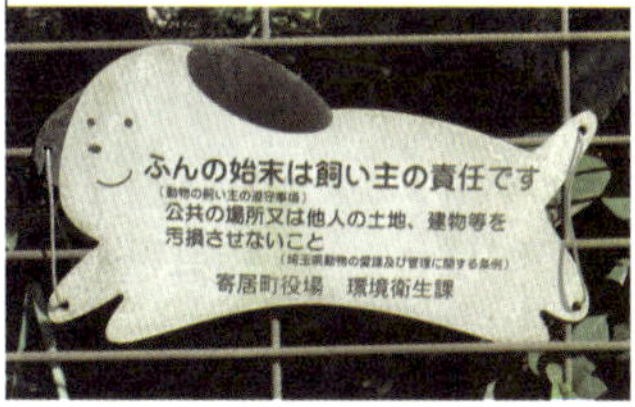

6-29

6-30

6-31

6-32

るところだろう。

隣の滑川《なめがわ》町に行く。ここでも【てれ犬】に遭遇した［写真6－33］。いつ見てもてれすぎだ。

次の東松山市の看板も【フリ素系】だ［写真6－34］。白くて丸いおなかがかわいい。【DOGモ】であることに誇りを持っているような表情がキュートだ。

DOGモはプロの役者

辺りが徐々に暗くなってきた。日の入りがはやくなっていることを実感する。坂戸市に着いたときはすでに夜だったため、適当な場所に車を停めて徒歩で探した。

一枚目と二枚目の看板を比較したい［写真6－35、6－36］。フンの姿形と禁止マークがまったく同じである。つまり、これはスタジオで撮影された可能性が高い。それぞれの【DOGモ】はカメラマンに導かれ、セットの前に立つ。その背景には禁止マークがあり、小道具としてフンが置かれている。自分

6-33

6-34

6-35

6-36

6-37

6-18

が排泄したものではないが、汗を飛ばしたり、まゆげを下げたり、顔を赤らめたりして、あたかも自分のフンであるかのようにてれているのだ。さすがプロの演技である。

三枚目の看板自体は初登場だが、この【DOGモ】には実はすでに出会っているのである［写真6－37］。常陸太田市の看板を再度登場させてみるとそれがわかる［写真6－18］。

顔だけでなく、顔の大きさも同じであるが、身体の大きさは異なっている。この犬は成長しているのだ。

常陸太田市で子犬だった【DOGモ】が成犬になり、坂戸市でも活躍しつづけている。つまり、子犬役あがりのベテラン犬なのだ。

最後に見つけたこの看板により、茨城と埼玉を結びつけられた。そのことでそれぞれの探訪を「おかわり」としてまとめた意味が生まれた気がした。「関東以外の地域でもこんな風に【フリ素系】は多いんですか？」とSくんから質問があった。私も気になってはいる。次の探訪では関東を少しはずれてその辺りを検証してみても良いかもしれない。そんな風に新たな企画を構想しつつ、埼玉県をあとにした。

初出用語集

物語系…物語を喚起させてくれる看板。

フェイク看板…犬の看板と形は似ているが、内容は「不法投棄禁止」や「ポイ捨て禁止」などでまったく別の看板。なお、フェイク看板が多い地域は犬の看板も多い傾向にある。

column 犬の看板から学ぶ

いぬしぐさ

買い物ではございません

東京都武蔵野市の犬

手に持っているのはカゴではなく、バケツだ。なにかを買いにいくように見せかけて、自らのフンを入れる道具を持参しているのがお茶目だ。

〈第七回〉

山静地方・静岡犬と山梨犬編

ゲスト：田中さとみ

いざ山静地方へ

七回目の探訪は〈山静地方・静岡犬と山梨犬編〉だ。山静地方とは静岡県と山梨県の2県の総称であり、読み方は「さんせいちほう」である。前回のラストでも軽く触れたが、今回は関東から少し離れてみることにした。

連載を重ねるごとに【フリ素系】の頻出が気になっている。これは関東に限られた現象なのだろうかと疑問になり、関東以外の地域の看板を調べることで多少は検証できるのではないかと考えた次第である。

夏休み期間中とあって「青春18きっぷ」（※JR全線の普通列車の普通車自由席が5回／人分乗り放題でき、乗車日当日に限り有効の期間限定のきっぷ）が利用できる。今回はこの5回分を使って静岡県と山梨県を別々に日帰りで探訪することにした。

静岡犬編

まずは静岡県だ。以前に同県で足を運んだことのある地域の看板を一部紹介したい。静岡市、三島市、伊東市、浜松市である［写真7－1～7－4］。【オリジナル系】もあれば【フリ素系】もある。これだけでは判断ができないため、さらに調査する必要があるだろう。

静岡県の地図を広げる。静岡市と浜松市の間の地域（磐田《いわた》市、袋井市、掛川市、菊川市、島田市、藤枝市、焼津《やいづ》市）には足を運んだことがなかったため、この7都市を目標と決めた。それぞれの市名を冠したJRの駅が存在する。まずは東京から一番遠い磐田駅に行き、そこから引き返す形で適宜途中下車することにした。

今回の同行者はいつもの編集Sくんではない。私が「犬の看板」に興味を持った最初期からこの遊びにつき合ってくれている後輩Nくんだ。当時の様子を彼に尋ねたところ、後日こんな文章が届いた。

7-1

7-2

7-3

7-4

〈静岡犬編〉探訪マップ　赤＝今回の探訪地／黄＝以前に探訪

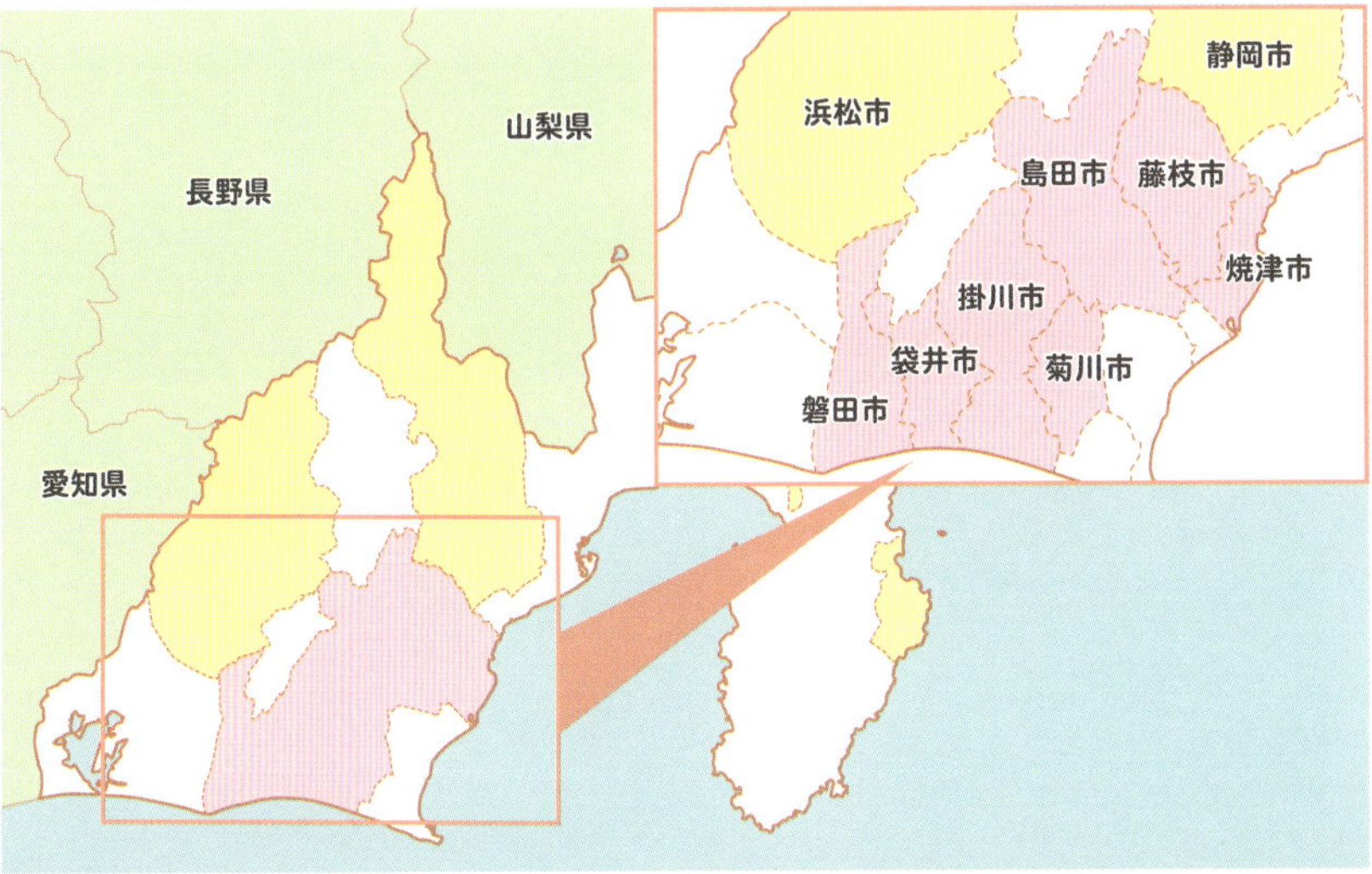

「太田氏の犬看板への入れ込みようは凄まじかった。犬看板のワンちゃんに対して真っ当なストーリーをでっちあげ、毎度興奮して語る熱がこちらにも伝わる。犬好きが犬の絵柄を見てはしゃいでいるのだ。Googleマップなどネットから画像を拾い上げるのではなく、自分の足で稼ぐことも気に入っているようだった」とのこと。今も全然変わらないというのが自分自身の所感である。

9月某日、早朝6時40分に新宿駅で合流し、西に向かう。私は日傘を携帯していたり、サウナ好きのNくんと締めに温泉に入ることも見越してタオル類なども持参していたため、愛用のトートバッグがすでにいっぱいだった。これ以上荷物を増やすわけにはいかないと自戒しながら、何度か乗り継ぎをして磐田駅に到着した。歩き始めてすぐ、山田書房を見つけ、うっかり入った。手ごろな値段の古本漫画が積みあがっている。勢い七冊ほど買い求めるという愚行を犯してしまった。かなりの重さであり、肩が痛い。その時点でいつもとは調子が異なることに我ながら気づいていた。Nくんと一緒だからだろうか。彼を自然と頼る気持ちがあり、ほどよく意識がゆるんでいる。

そんな折り、早々に出会ったのは【オリジナル系】だった［写真7―5］。

文言が書かれている部分は巨大な骨だろうか。あごを乗せているようにも見えるし、かじりついているようにも見える。そっと支えている右手が良い。

こういった看板に出会えると暑さも疲れも吹き飛ぶ。この看板の価値を瞬時に理解してくれるNくんの存在もありがたい。これで充分ではないかと意見を

7-5

交わす中、二枚目が見つかった【写真7―6】。ずいぶんカラフルな【ＤＯＧモ】だ。右下には市のイメージキャラクターが添えられている。

7-6

7-7

7-8

7-9

「しっぺい」という名称であり、あとで調べたところ、メロン好きの犬という設定らしい。こちらの看板も【オリジナル系】だろう。

気持ちの良いスタートに歓喜しつつ、ショッピングモール内の「サイゼリヤ」で食事をとった。ふたたび電車に乗り、袋井駅で下車した。ここで見つかった看板の数々はどれもなじみの【フリ素系】だった【写真7―7～7―9】。

こういったケースではどれだけ探しても【フリ素系】しか見つからない可能性が高い。次の市に移動しようと決めて駅に戻りかけたとき、四枚目があった【写真7―10】。

困り顔の【DOGモ】である。奥行きのある構図が良い。全体のニュアンスから【フリ素系】とも思われるが初見であり、現段階では判別がつかない。探訪をつづけることでどこかで再会できるのかもしれない。

気になる畜犬愛護会

隣の掛川市も【フリ素系】が並んだ【写真7―11～7―13】。

管轄名に記された「畜犬愛護会」というのが気になるところだ。この会は【オリジナル系】の看板も設置しているようで公園内に四枚目があった【写真7―14】。泣いている犬が悲しい。

7-10

7-11

7-12

7-13

7-14

五枚目は「区」の部分を手書きで追記するタイプの看板だ【写真7―15】。四角い顔の【DOGモ】のとぼけた様子が良い。

今回は特に公園周りに看板がある場合が多く、シンプルに公園を目指すことにする。菊川駅近くの菊川公園は高台にあって少しひるんだが、思いきってきつい坂を登ってみた。はたして菊川市も掛川市と良く似たパターンだった【写真7―16～7―19】。

7-15

7-16

7-17

7-18

7-19

やはり静岡も【フリ素系】が多いようだ。島田市の一枚目も【フリ素系】ではあったが、本連載では初出である［写真7－20］。

犬と飼い主がハートで囲まれていてハッピーな雰囲気なのにどこかホラーじみている。スタンリー・キューブリック監督の『シャイニング』のジャケットを連想させる微笑みだ。

二枚目は【オリジナル系】だろう［写真7－21］。連載二回目の〈東京犬・23区編　その1〉で登場した葛飾区の看板との類似性を比較するため、一緒に並べてみる［写真2－22］。白と黒のぶちの模様が同じであり、片手をあげているポーズも酷似しているが、決定的に異なるのはその雰囲気だ。葛飾区の【DOGモ】のアクの強さがやはり際立つ。

島田駅から二駅隣の藤枝駅で下車した。こちらも【フリ素系】ではあるものの、本連載では初出だ［写真7－22］。犬も飼い主も心底楽しげなのが良い。なにげない日常の美しさがこの絵柄のなかにある。

7-20

7-21

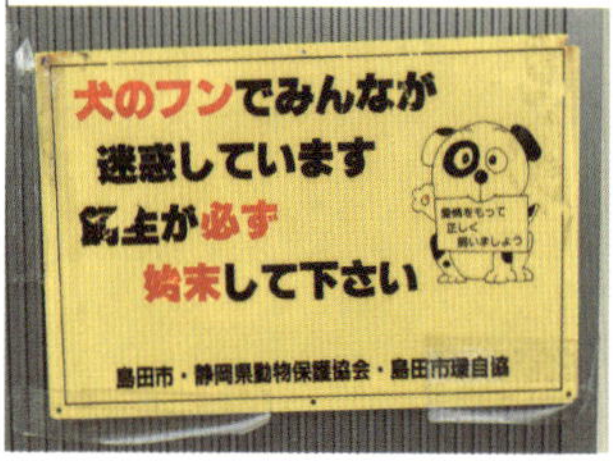

2-22

7-22

二枚目は東大和市の看板と一緒に並べることでおもしろさが高まるだろう【写真7－23、7－24】。同じ【DOGモ】でありながら目の形状だけが違う。それにより藤枝市の方は神妙に見えるし、東大和市の方は微笑んでいるように見える。

この時点で私の身体はサウナを求めていた。西焼津駅まで乗車し、その後スーパー銭湯の「笑福の湯」を目指す中、焼津市の看板が見つかった【写真7－25】。

同行者の存在

【フリ素系】ではあるものの、Nくんと久しぶりの探訪を無事終えられたことに安堵した。露天風呂につかりながら感想を求めたところ、後日文章が送られてきた。

「静岡犬編はJR東海道本線の電車の本数も多く、乗り換え時間に神経質にならずに済んだ。訪れた市町村すべてで犬の看板も存在したし、今回は軽快に事が運んだ探訪になったと思う」とのことだった。

7-23

7-24

7-25

山梨犬編

静岡県探訪から数日後である。「青春18きっぷ」の残りは私と編集のSくん、そしてゲストの詩人・田中さとみさんの3人分だ。田中さんとは漫画と犬が大好きという共通点があり、会えばそのどちらかの話題で盛り上がる。

本連載の一回目が小鳥書房のｎｏｔｅにアップされたとき、「犬の看板を見つけることは、ほんとのワンちゃんに出会うことと同じなのかも」と感想をあげてくれていた。至極名言である。〈山梨犬編〉は過酷な状況になると予想されたが、田中さんは山登りが趣味とのこともあって快諾いただけた。

山梨県の地図を確認する。足を運んだことのある地域は3市だけであった。先にその看板を紹介

〈山梨犬編〉探訪マップ　赤＝今回の探訪地／黄＝以前に探訪

7-26

7-27

7-28

する。甲州市、北杜市、甲府市だ【写真7－26～7－28】。

すべて【フリ素系】である。今回はこの3市以外の地域を目標とすることに決め、計画を立てた。

9月某日、朝7時30分に新宿駅で田中さんと待ち合わせをして中央線に乗り込み、編集Sくんと国立駅で合流した。最初の目的地の山梨県の韮崎《にらさき》駅まではそこから2時間30分ほどだった。

この時点では笑顔のふたりだが、のちのち争うことになる。

改札を出て観光案内所に行き、地図をもらう。

「本当にお土産とか一切見ないんですね」と田中さんに驚かれたが、すでにアスリートモードなのだ。電車の移動中ですら窓の外を見て看板を探しているときがあり、会話がふいに途切れてしまうことがあったらしく、「目が真剣でしたよ」と指摘されたりもした。

　まずは黒沢川沿いを攻めようと歩き出したところ、あっさり一枚目が見つかった［写真7－29］。すました表情のキュートな【DOGモ】である。田中さんが重そうなリュックをおろし、大きなカメラをかまえて楽しそうに撮影を始めた。リアルな犬と接しているときと同じなのだろう。

　その後も周辺を散策した。二枚目は【フリ素系】であるが、先に紹介した北杜市の看板と一緒に並べてみるとさらにおもしろい［写真7－30、7－27］。犬の隣に猫もいる。どちらも着ぐるみっぽいため【着ぐるみ系】とする。猫がいる方の看板は袋のなかにフンもある。つまり排泄後であり、時系列的には犬単体バージョンが先で、次に犬猫バージョンの順と推察できる。

　駅の反対側に行き、「食事と喫茶　ボンシイク」でランチをとる。チキンカレーもぶどうジュース

7-29

7-30

7-27

もおいしい。のんびりしていたら電車の時間が迫っていることに気づき、駅まで走ってどうにか乗車した。

ゲーム性を取り入れる

甲斐市にある塩崎駅で下車した。電車は1時間に一本ほどだ。効率よく探す必要があるため、ここからはゲーム性を取り入れることにした。田中さんとSくんチーム、私は単独チームで二手にわかれ、看板を見つけ次第相手チームに画像を送信するという遊びだ。先に発見した方が勝ちというシンプルなルールである。

塩崎駅の北口を出て私は左手に、田中さんたちチームは右手に折れた。数分後、私の携帯電話が震えた。田中さんが最初に発見したという報告だった。

CGみたいな【DOGモ】である【写真7－31】。瞳の真ん中や鼻先が光っていて力強さを感じる。一回戦は私の敗北だ。相手チームはアイスを食べながら駅に戻ってくるという余裕っぷりであった。

つづいて笛吹市にある石和《いさわ》温泉駅へ。二枚とも【フリ素系】であったが、ここでは私が勝利した【写真7－32、7－33】。

7-31

7-32

7-33

次は山梨市のある山梨市駅だ。県名と市名が同じなのに県庁所在地ではないというのが幼いころからの疑問である。ここでも先に私が発見した〔写真7―34、7―35〕。どちらもラミネートの看板だった。

わずかに遅れて田中さんたちチームからも送られてきた〔写真7―36〕。

こちらは【フリ素系】であり、冒頭で紹介した甲州市と同じである。耳が折れているのがかわいい。この時点で私の二勝一敗で、残りは大月市と上野原市だけである。次も私が勝てば勝利は確定だ。

大月駅へ移動した。改札を出て私は左手を選び、田中さんたちチームはまっすぐ行った。しばらく進むと路地の奥に看板らしきものがある。そこに近づく間にもふたりから画像が送られてくるのではないかとあせり、自然と早足になる。

予想通り「犬の看板」だ。隣に違う種類もある。二枚とも撮影し、急いで送信した〔写真7―37、7―38〕。どちらも味わい深い【DOGモ】でインパクトがある。

大月駅に戻ったとき、Sくんから提案があった。

7-34

7-35

7-36

7-37

上野原市では先に見つけた方がポイントを獲得するのはそのままで、看板の数もポイントに反映させたいという。つまり、田中さんたちチームが勝利する可能性を最後まで残すためのルール変更の懇願だ。それを受け入れてふたたび乗車した。

勝敗は上野原市にて

上野原駅の北口を出る。目の前は高い山のようになっている。石の階段をあがると開けた場所にベンチとテーブルがあったため、自動販売機で飲み物を買ってしばし休戦とした。誰かに与えられたものではなく、自ら考案する遊びに全力で取り組むことには格別なおもしろさがあると改めて感じ入った。

7-38

日の入りが迫る。一息ついたあと適当な場所まで一緒に行き、また二手にわかれることにした。長い階段の終わりだった。遠くに看板らしきものが視認できたため、私が走ろうとしたら、田中さんが私のバッグをつかんで強く引き止めた。絶対に勝ちたいという執念を感じた。

中央自動車道をまたぐ橋を渡ってから、私はまっすぐ進み、ふたりは右に曲がった。看板は見つかるものの三枚すべてが山梨県の管轄のものだった【写真7－39～7－41】。

二枚目のとぼけた犬の姿態が愉快だ。三枚目はスター犬であり、とうとう県代表に選ばれたことを知って感激する。

勝負は市の看板である。Sくんから画像が届いた【写真7－42】。旧名の上野原町名義であり、絵柄も消えてはいるが、犬の看板に間違いはない。追って鮮明な看板も見つけたようで新たに送られてきた【写真7－43】。

つづいて私が見つけた【写真7－44】。前回の〈茨城犬・おかわり編〉で穴埋めクイズのようになっていた看板と同じであり、こちらは文言の部分がしっかり残っている。これで答え合わせができた格好だろう。

この時点で私が1ポイ

7-39

7-40

7-41

7-42

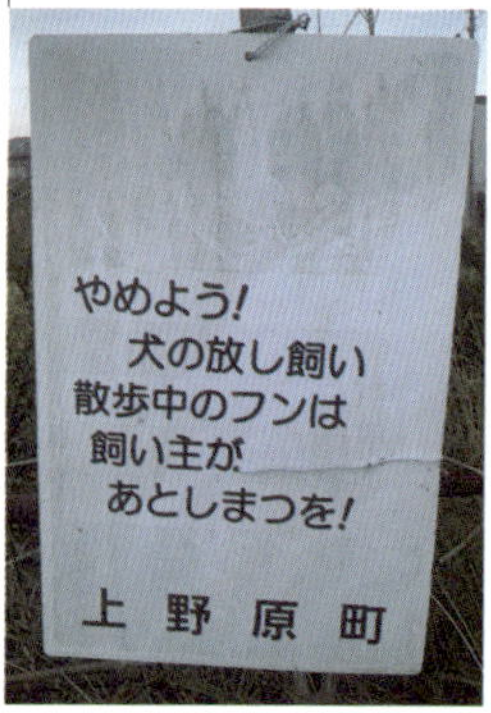

7-43

ント増やしてふたりを引き離した形になった。時間は18時までと決めていたため、残りわずかだ。そのときSくんから画像が来た【写真7－45】。こちらも上野原町名義だ。

【フリ素系】ではあるが、本連載では初出の【DOGモ】だ。【着ぐるみ系】の部類である。

ここでタイムオーバーとなった。最終スコアーはドローである。上野原駅で落ち合って国立駅で下車し、「ロジーナ茶房」で感想を述べあった。酷暑に加えてアップダウンの激しい道も多く、ハードな探訪であったが、同じ目的に勤しんだものにしか宿らないたしかな連帯感が三人にうまれていた。

7-44

7-45

初出用語集

着ぐるみ系…まるで着ぐるみを着ているかのようなDOGモ。実際に着ぐるみなのかは不明。

田中さとみ

尻尾を振って待っている

朝、7時30分に太田さんと中央線の新宿のホームで待ち合わせていた。一番後ろの車両に乗って降りたところで会おうと約束をしていた。この電車で本当に会えるのだろうかと心配しながら乗っていた。新宿駅に着くとドアの向こう側に太田さんの姿が見えた。ベージュの帽子にチノパン、白いＴシャツを着ていたためか太田さんの姿が白く眩しく見えた。地味な姿なのに遠目でも太田さんだと分かる。安心してホームへと降りていく。これで無事に山梨の犬の看板を探しに行けるとホッとした。

実は、前日の夜、私はなかなか眠ることができなかった。犬の看板探しはとにかくストイックだと聞いていた。カフェで休んだり、お喋りしたりすることなく、ひたすらに黙々と看板を探し続ける。食事をとらないこともある。雨が降っても雷雨でも関係なく見つかるまで続行する。看板探しが終わったら打ち上げもせずに直帰する。そんな恐ろしい噂を聞いていたので、次の日、彼らについていけるのだろうかと不安でなかなか眠ることができなかった。目を瞑ってみると浮かんでくる。看板の中でうごめく犬の姿、ふさふさの尻尾を左右に振って待っている、彼らに会えるのであれば苦ではないのかとも思う。

国立駅で小鳥書房のＳ君と合流する。Ｓ君から旅の栞を手渡される。ここから二時間弱かけて韮崎を目指していくという。向かい合わせの座席に座ってしばらく揺られていた。旅をしている気分になる。向かい側の太田さんが時々、窓の外を眺めていた。車窓の外に犬の看板がないか探しているようだった。もうすでに看板探しは始まっているようだ。

11時15分に韮崎駅に着く。この辺りの地理を知るために観光案内所に入る。店内には、韮崎の特産品やお土産が置かれていた。太田さんもS君もお土産には目もくれず真っ直ぐに受付に向かう。韮崎の観光マップを手にするとすぐに案内所を後にした。マップを見ながら太田さんは、「川の側を歩いて行って、学校があるから、そっちにまわってここに戻ってこよう」と言った。

川を少し歩いたところだった。太田さんがなにか見つけたようだった。「あっ、あれは」と指を差して近づいていく。太田さんが指差すところに色褪せた犬の看板があった。その瞬間の感動は忘れられない。見つけた看板の嬉しさにカメラのシャッターを切った。こんなところにいた。散歩をしているワンちゃんに出くわしたようで心躍る。その周辺で数枚の看板を見つけることができた。

看板を探している時の太田さんは犬の鳴き声が看板から聞こえて

きているようだった。看板の中から尻尾を振る犬の動きが見えており、敏感に察知し、そこに駆け寄っていくようにも感じられた。犬の看板を探す視力・嗅覚・聴覚を備えているようだ。というよりも、太田さんにとって犬の看板も生きている犬も変わらないんじゃないだろうか。犬を探すように犬の看板を探している。DOGモも生身の犬も同じもの。何も区別していないのかもしれない。

脱線するが、私の飼っていた犬の話をしようと思う。私が飼っていた犬は、ヨークシャー・テリアで名前をルアといった。とても美しい犬だった。体も細く、大きな瞳をしていて、いつも自分の毛布の上に座って澄ました顔をしていた。私が「ルア」と名前を呼んでもけっして近づいてはこない。ただ、首を傾げて見つめ返す。見つめ返されると、私はルアの近くに擦り寄って、美しい毛の中に顔を埋めて、ギュッと抱きしめる。するといつも困った顔をしていた。犬に私は甘えてばかりいた。その美しい犬が去年の夏に死んでしまった。犬が死んだ時、私も家族もひどく落ち込んで、しばらくみんな暗い顔をしていた。思い出す度に、涙が溢れてきて、忘れてしまいたかった。目を瞑っていても胸の中にぼんやりと浮かんでくる。その映像を何度も消そうと思った。しばらくして、母親がルアにそっ

くりな犬のぬいぐるみをフェルトで作った。身体の大きさを正確に測り、毛並みも写真を元に作ったので、そっくりな姿形をしていた。ルアそのもののような気がして、ぬいぐるみが部屋のソファに置かれているたびに、クッションで姿を見えないように隠していた。

犬が死んでから、あまりに悲しくてその話を誰にもすることができなかった。でも、太田さんにはこの話をしてみようかと思った。本当に犬が好きな人でなければ話せなかった。太田さんはじっと話を聞いてくれた。励ますように言ってくれたのだと思う。確かこんなことを言ってくれた。「全ての犬は一つで死んじゃったワンちゃんも、今生きているワンちゃんの中で生きている。だから、散歩をしているワンちゃんを見たら、寂しいよって心の中で呟けば、飼っていたワンちゃんが聞いてくれていて、振り向いてくれる」。そうだったらいいのに。そうなのかもしれない。それ以来、私は散歩をしている犬を見かけると、犬に軽く会釈するようになった。すると、時々、振り向いてくれる犬がいた。

韮崎で食事を終えた後、塩崎駅へ向かった。初回はインターンという感じで、太田さんについて探していたが、次で降りた塩崎駅では、効率的に犬の看板を探せるように、私とS君チーム、太田さん単独で分かれて探すことになった。ゲーム要素も取り入れ、先に犬の看板を見つけたチームが勝ちというルール。短いインターン期間を終えて、まだどんなところに犬の看板があるのか掴めていない。ただ、最初に訪れた韮崎で川の側に犬の看板を見つけたので、川が流れているところを歩いていれば、看板を見つけることができるかもしれないと移動する。すると、偶然犬の看板を見つけることができた。CGのような立体感ある犬でどこか90年代のゲームに出てきそうな雰囲気がある。吊り上がった眉毛がキュートだ。太田さんからもLINEに画像が送られてきた。互いに何枚かの看板を見つけあう。塩崎駅では、まずは、一勝だった。

続いて石和温泉駅、山梨市駅と降りていった。どちらの駅も太田さんから早々と看板を見つけたという知らせが入る。私たちのチームはなかなか見つけることができずに焦る。一勝二敗。なんとかドローに持ち込みたい。

大月駅では、駅を降りた時に太田さんが「行きたい方向を先に決めていいですよ」と余裕の表情を浮かべていた。私は川が流れている右手の道を選び、太田さんは左手の道を選んだ。でも、後から後悔する。単純に川があるからという理由で右の道を選んだことを。Googleマップを見ながら川の近くに行ってみる。民家もまばらになり緑が多くなる。どんどん山に近づいていているようだった。人の気配もなくなり看板も見当た

犬のフン禁止！
散歩中のフンは
後始末をしよう
甲斐市

らない。慌てて道を引き返そうと思った時、携帯が震える。太田さんから早くも画像が送られてきた。ブルドッグの写真が印刷された看板だった。「ウンチの持ち帰りはご主人さまのウン(運)命です!!」というユニークなコメントとブルドッグのなんとも言えない表情に魅入られながら、ここでも負けてしまったと落ち込む。次の上野原駅でなんとか逆転したい。太田さんと相談してルールを変更してもらう。先程同様に先に犬の看板を見つけたチームがポイントを獲得するのと、見つけた看板の数もポイントに反映していくこととなった。なので、看板を多く探し出せば逆転する可能性もある。

上野原駅に到着する。ここが最後の犬の看板探訪の地である。駅前の芝生のひらけた場所にあるベンチに腰掛けて、自販機で買った飲み物を飲んで休憩する。

遠くに山の稜線が見える。山の間に陽が落ちかかっている。日没間近だ。いろいろ語り合いながらも、休憩を終えて再びチームに分かれて探すことになる。太田さんに勝ちたい。私もS君も早足になって歩いていた。犬の看板がある場所は特定するのが難しいのかもしれない。単純に川の側にあるとは限らないし、公共の施設や公園の近くでも見つからないこともある。太田さんのように犬を想う気持ちだけが頼りなのかもし

れない。S君が道路沿いの塀に看板らしきものがあることに気づく。近づいてみると、イラストは消えかかっているが犬の看板である。太田さんからもすでにLINEに写真が送られてきていた。こちらも慌てて写真を送る。上野原では、民家や駐車場や草の茂みなど、犬が喜びそうな小道もあり、数枚看板を見つけることができた。気づくと陽が沈んで辺りが真っ暗になっていた。駅で太田さんと合流した。犬の看板探しの勝負は、結果はドローであった。こんな遊びもたまには楽しい。

国立駅に戻り、ロージナ茶房で今日の出来事をいろいろ語り合った。その後、S君とも別れ、帰りの電車の中で、太田さんの『犬たちの状態』(フィルムアート社)について話していた。小説の中には様々な犬種のワンちゃんや映画にまつわる話が出てくる。ジャック・ラッセル・テリアやジャーマン・シェパード、フレンチブルドッグなど、犬の姿が的確に描写されていて、その姿を想像しながら読んでいると楽しかった。いくつか好きな文章がある。「生まれたことは不幸だ、生きることは地獄だ、希望はない、絶望だけがある、でも暗い表情を浮かべたくない。トイ・プードルはいつでもあざやかに跳ねている。あ

の犬を抱いた時の軽さは驚愕に値する。まるで空気だ。重力という呪縛から解き放たれた天使のような犬種だ」。トイプーは天使。その通りだ。実は、今年になって、両親は再び犬を飼い始めた。それがトイプーであった。明るくて、空気のように軽い、常に飛び跳ねていた。「言葉だ。的確な言葉で犬の状態を冷静にスケッチすれば良いのだ」。特に好きな言葉。この小説は、犬の状態をスケッチするために書かれているんじゃないか。同様に、犬の看板探訪も犬たちを冷静にスケッチするための一つの作業なのかもしれないと感じた。看板に描かれた犬の表情や仕草を思い出してみる。生き生きとポーズを決めている犬たち。いつでも彼らは尻尾を振って待っている。愛らしい存在である。現実の犬も看板の中の犬も変わらない。太田さんは彼らの姿をスケッチしているのかもしれない。そんなことを思いながら帰途につく。

田中さとみ（たなか・さとみ）
詩人。古書店員。詩集に『ひとりごとの翁』（思潮社）、『ノトーリアス グリン ピース』（思潮社）。２０２４年には、『sleeping cloth スリー ピング クロス』（左右社）を刊行。好き嫌いを隠すことができない、犬の尻尾を眺めているのが好き。

column 犬の看板から学ぶ

いぬしぐさ

決定的瞬間

東京都八王子市の犬

カメラマンに待ち伏せされて激写されたような構図だ。しっかりカメラに目線を送っているため、撮られることに慣れていると判断できる。

「第八回」福岡犬・遠征編

最重要のミッション

八回目の探訪は〈福岡犬・遠征編〉だ。前回の山静地方ですでに関東地方をはずれ、今回はさらに遠く離れた九州地方が舞台である。今企画タイトルの〈関東編〉という看板に偽りありという状態ではあるが、事情があるため、追って説明したい。

その前に福岡県について簡単に紹介する。九州地方の北部に位置し、２０２３年10月現在、県内には29市・11郡・29町・２村がある。

今回はレンタカーを使用した。福岡市を出て北東方向に進み、50キロほど離れた北九州市に着くまでの間、いくつかの市町村を探索する。そのあと高速道路に乗って南西方向の太宰府市を目指すという大まかなルートを想定した。

前回の山静地方への探訪は【フリ素系】看板が関東以外にもどの程度存在するのかという検証の

〈福岡犬編〉探訪マップ　赤＝今回の探訪地

意味も含まれていたが、静岡県も山梨県も関東と隣接しているため、少し中途半端だった面はあった。その反省を活かして海を渡り、九州地方へ向かったというのも経緯のひとつではあるものの、それとは別に、私自身の「犬の看板」探訪の始まりを確かめに行くという最重要のミッションが存在していたのだ。

改めて〈プロローグ〉に戻り、関連する該当部分を引用する。

> 「犬のフンを持ち帰りましょう」といった文言で美化啓発をうながす「犬の看板」は、全国の各市区町村に掲示されており、種類も豊富なため、たくさんの犬に出会うような興奮がある。
>
> 最初に写真を撮ったのは2016年だったはずだ。九州旅行の際、太宰府市と記載された看板を見つけ、なにげなく写真に収めた。それをきっかけにして町で見かけるたびに反応するようになり、徐々に夢中になった。

この文章の公開に際し、私が最初に撮影した太宰府市の看板の写真を添えるかどうか迷ったものの、あえてしなかった。ピントが合っていないだけでなく、少し雑に撮った代物だったからだ。

正確な撮影日は2016年4月7日だ。場所は太宰府天満宮の参道だったはずだが、詳細な位置データは記録されていない。腕を組んで怒っている様子からこの【DOGモ】を【プンスカ犬】と名づける【写真8－1】。

この適当な感じこそが偶然の始まりに相応しい気もするが、撮影時に「犬の看板」写真を今後も撮り溜めて

8-1

いくという意思があったのなら、地面にひざをついてしっかりピントを合わせたはずなのだ。

　可能なら自分にとって初めての「犬の看板」である【プンスカ犬】を撮影し直したい。その想いが太宰府市を再訪する最大のきっかけとなった。はたして7年半経ってもあの看板は設置されているのか、そもそも同じ看板を見つけることができるのか。そんなプレッシャーを抱えつつ、10月某日、編集Sくんとともに成田空港から福岡空港へと旅立ったのである。

　探訪の前日は「文学フリマ福岡9」に参加していた。本連載の版元・小鳥書房も出店しており、編集Sくんを手伝う形で私も売り子を務めた。その夜は福岡市内の「ブックバーひつじが」で『ふたりのアフタースクール』(私と友田とんさんとの共著・双子のライオン堂出版部より2022年12月刊行)の読書会が開催され、充実した一日を過ごした。

いざ福岡探訪へ

　翌日も天気は快晴だ。朝8時30分に編集Sくんが運転するレンタカーに乗り込み、出発する。車内ではナンバーガールが大音量でかかっている。福岡出身のバンドだからだろう。今までの探訪時にはボブ・ディランやニルヴァーナがかかっていたが、私が彼の選曲に物を申したことは一度もない。

　まずは福岡市を出て粕屋町に行き、早々に発見した【写真8－2】。本連載では初出の【フリ素系】である。

　重たげなまぶたと目の下のたるみが印象的な【DOGモ】だ。なかなかの強面ではあるものの、

8-2

きちんと足をそろえて座っているため、礼儀正しく見える。

つづいて新宮町だ。二枚とも【フリ素系】である［写真8―3、8―4］。

福岡でもなじみの【DOGモ】に出会えると感慨深い。関東限定のローカルタレントだと勝手に思っていたが、実は全国的に活躍していることを知るのだ。

そろそろ福岡独自の【DOGモ】たちにも出会いたいと思っていたところ、次の古賀市では短冊型の見慣れない看板があった［写真8―5］。

文字情報だけで犬がいない。左上にスペースがあるのだからそこに顔だけでも良いから犬がほしい。切実な要望である。

ただ別途この地域では興味深い看板があったので披露したい［写真8―6］。うっかりするとありふれた【フリ素系】と判断しかねないが、管轄名が古賀市ではなく、古賀町となっている点に注目だ。

市制施行によって古賀町から古賀市に名称が変更したのは1997年10月であり、四半世紀以上

8-3

8-4

8-5

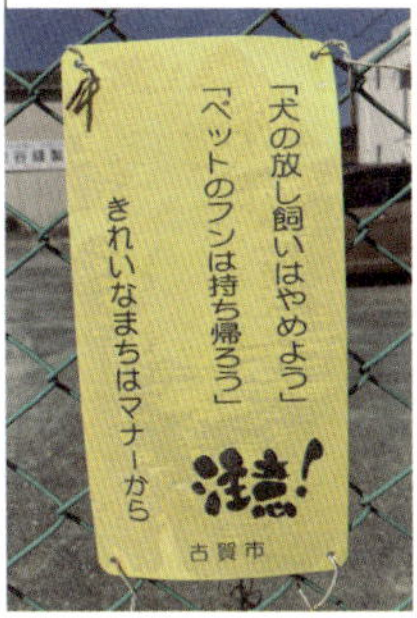

8-6

8-7

8-8

8-9

も前の出来事だ。もはや歴史と呼んでいい一枚だろう。

失われた町の看板

福津市に入ってしばらくすると、地元のスーパーマーケットとおぼしき「ゆめマート福津」を視界にとらえた。鹿児島のメーカー「イケダパン」や福岡のメーカーの「リョーユーパン」など、関東ではあまり見かけないパン類が好きなため、立ち寄って購入し、フードコートで手早く食してふたたび車を発進した。目の前に海が広がっていて開放感がある。国道495号線を進んでいくと、畑のそばに掲示されていた一枚目の看板に出会った【写真8―7】。【フリ素系】ではあるものの、本連載では初出だ。

帽子のつばが上を向いているのが良い。ラップでも始めそうな【DOGモ】だ。文言の「フンの後しまつ　お願いします！」は「しまつ／します」でラップのリリック調に言葉の響きをそろえているのかもしれない。

二枚目と三枚目には消滅した旧町名が記載され

ていた【写真8－8、8－9】。2005年に福間町と津屋崎町が合併して福津市になったのだ。

それぞれの町名に思い出があるひとたちも多々いるのだろう。そういった意味でも貴重な看板だ。

隣の宗像《むなかた》市にも歴史が存在した。2003年に宗像市と合併した玄海町の看板を発見した【写真8－10】。こちらは名優【てれ犬】である。

岡垣町へ移動した。一枚目は上機嫌な犬がしっぽを振りながら舌を出していてかわいい【写真8－11】。排泄を終えてすっきりしたのかもしれない。

二枚目は黒のラブラドール・レトリバーとおぼしき【DOGモ】だ【写真8－12】。これほど表情がクローズアップされている看板も珍しい。探偵犬のような鋭いまなざしである。

この町の看板には「校区コミュニティ」の表記がある点もポイントだろう。岡垣町のホームページを調べたところ、小学校区を単位として設立されており、自治区の機能を補うようにして「防犯・防災」「環境」「健康・福祉」などのボランティア活動を行っているとのこと。その「校区コミュニ

8-10

8-11

8-12

ティ」のなかの海老津校区の看板が鹿児島本線の海老津駅近辺で三枚見つかった【写真8－13～8－15】。

どれもポップな絵柄だ。環境美化への啓蒙だけでなく、通学路が華やぐ効果もあるように思う。

次の遠賀町では衝撃を受けた一枚があった【写真8－16】。〈東京犬・都下編〉のときに東京都八王子市で発見したものと同じ看板があったのだ。

あのときはこの絵柄が初見だったこともあり、【オリジナル系】とつい断定してしまったが、こうやってのちに【フリ素系】であったとわかるケースもある。不覚ではあるものの、特に関係があるとは思えない八王子市と遠賀町が唐突につながるこの瞬間には格別なおもしろさがあった。

順調に犬たちと出会えていることで余裕があり、ようやく自分たちの行動に改めて意識が向いた。わざわざ福岡まで来ているのにいつも通りのストイックな探訪である。ご当地ものの菓子パンを食べた以外では一切の観光もしていない。それにつき合ってくれているSくんに

8-13

8-14

8-15

8-16

さすがに申し訳ない気持ちになり、「ひとつくらいどこか寄りましょうか」と尋ねたところ、北九州市にある「八幡製鐵所 旧本事務所」を見学したいとの回答だったので、そこだけは行くと約束した。

そんな会話を交わすうち、芦屋町では【フリ素系】に遭遇した［写真8－17］。

福津市からここまで海岸線沿いを通る機会が多かったためか、いつも以上に「猫の看板」も多かった。漁港と猫はセットなのかもしれない。番外編としてそちらも三枚紹介したい［写真8－18～8－20］。

14時前に九州の最北にある北九州市に到着した。車線の数も多く、車もたくさん走っている。看板がありそうな場所が見当たらないまま流れに乗っ

8-17

8-18

8-19

8-20

ていき、「八幡製鐵所 旧本事務所」方面に向かう。手ごろな公園があればその周辺を探っていこうという話になり、信号待ちの間に地図を確認した。すぐ近くにあったため、路地に折れる。狙い通り一枚目があった【写真8－21】。

あまりに露骨な【着ぐるみ系】である。その周辺に【オリジナル系】とおぼしき看板があった。きれいな状態のものは樹に巻かれていて絵柄の全体が見えづらいため、別の場所の色あせた看板も一緒に並べてみる【写真8－22、8－23】。

8-21

8-22

8-23

ウンチが大きすぎだ。進撃の巨大ウンチである。こんなものに追って来られたらたまったものではない。ひとも犬も驚きすぎていて口の形がハートマークになっているのがかわいい。

この看板を撮影していたらSくんが悲しげな声をもらした。「八幡製鐵所 旧本事務所」について改めて検索したところ、本日休館であるらしい。こうなると「犬の看板」を探す以外に私たちができることはない。川沿いで別の種類を

8-24

見つけた【写真8―24】。

飼い主がどことなくおよび腰なのがおもしろい。まだ飼いたてで犬の散歩に慣れていないのかもしれない。

ここから輪を描くようにして引き返す。鞍手インターチェンジから高速道路に乗るのが最良と判断した。その道中の中間市でも看板を見つけた。

こちらでは「猫の看板」と「犬の看板」を比較してみる【写真8―25、8―26】。

しっぽの太さやひげの有無などの細かい違いはあるものの、ほぼ耳の形状だけで猫と犬を描き分けているのがユニークだ。

隣の鞍手町の看板はすべて【フリ素系】であった【写真8―27〜8―29】。

8-25

8-26

8-27

8-28

8-29

ようやく太宰府市に到着

鞍手インターチェンジから太宰府インターチェンジまでおよそ30分だ。そこから10分ほど下道を走り、太宰府天満宮近くのコインパーキングに車を停めた。西日本鉄道の太宰府駅に行き、そこから参道を歩くことに決め、車を降りる。駅に向かう途中で見つけた看板は【プンスカ犬】ではなく、ひかえめな【ＤＯＧモ】だった［写真８―30］。

改めて過去の写真を検証してみた。７年半前の九州旅行の際、太宰府天満宮では三枚だけしか撮影していない。一枚は本殿の前で私がひとりたたずむ記念写真であり、もう一枚は狛犬のアップであり、最後が【プンスカ犬】だった。順番から判断すると、本殿を詣でたあとの帰り道で撮影しているようで、私の記憶とも符合していた。

太宰府駅に到着後、参道を注意深く進む。当然ながらネットで事前調査をしたりはしていない。結構なひとがおり、繁盛している店もいくつかある。残念ながら看板は見つからない。参道の距離は私のイメージよりずっと短い。鳥居をくぐった先に御神牛が鎮座している。境内に看板が設置されているだろうかと少し自信を失いかけて視線を落としたとき、「犬の看板」に気づいた［写真８―31］。

太宰府天満宮の【オリジナル系】だ。知らん顔をしている犬の様子が良い。だがこれも【プンスカ犬】ではない。

鳥居の横に設置されてい

8-30

8-31

た案内看板をSくんが眺めながら「西門とかもあるんですね」と腕を組んだ。【プンスカ犬】の姿をマネしているのかもしれないが、特に触れなかった。たしかに参拝を終えたあとは来た道とは別の道を選ぶ可能性もありそうだ。そうなると境内や参道だけでなく、周辺も隈なく探索する必要があるだろう。

「ところで狛犬の写真と【プンスカ犬】の撮影時間にどれくらい開きがありますか?」と彼が問うてきた。カメラロールを再確認する。狛犬が昼の12時06分で、【プンスカ犬】が12時20分であった。狛犬の場所から14分後のことだとわかる。

「狛犬を中心にして14分で歩ける範囲を全部回りましょう」

Sくんの顔が段々と黒いラブラドール・レトリバーに見えてきた。岡垣町の看板の探偵犬のような頼もしさである。

とりあえずは狛犬を見つけるため、太鼓橋を渡

8-32

り、本殿の方に向かう。桜門をくぐると、雰囲気が７年半前と異なっていてあわてた。本殿は１２４年ぶりの大改修を行っているとのことで仮殿が建設されているらしい。戸惑っている私たちにその情報を教えてくれたひとがいた。礼を告げると、写真係を頼まれた。カメラを受け取ってかまえる。フレームのなかに家族とおぼしき三人組の笑顔があった。

その後、狛犬は無事に見つけられたが、看板の気配はない。

8-33

「もう一度【プンスカ犬】を確認して良いですか?」とＳくんに聞かれたため、ふたたび彼に見せる。「木製の塀のようなものに貼りつけてある感じですね」とひとり首肯する。

西門を出て、ここでも丹念に注意を向ける。遠目に白い看板がある。急いで駆け寄った【写真８－32】。

また違う種類である。背面の壁のニュアンスはどことなく似ているため、感覚的には近づいているような気もしつつ、不安が高まる。

今度はゴミ捨て場の横にあった【写真８－33】。

これも求めていた看板ではなかったものの、【オリジナル系】とおぼしきキュートな絵柄であり、元気が出た。人間の足を犬がツンツンしているのが良い。

8-34

8-1

ホットドッグを待つ間

多彩な看板はうれしいが、肝心の【プンスカ犬】が見つからないため、参道に戻ることにした。ホットドッグなどを販売しているスタンドがあった。「犬の看板を探しながらホットドッグを食べるのはどうですかと、滝口さんがたしか提案してくださいましたよね」と、Sくんが興味を示している。シャーロック・ホームズがパイプを吸うように探偵にはなにかしらのルーティンが必要なのかもしれない。ホットドッグが出来上がるのを待つ間、私はひとりで参道を歩いた。すでに閉まっている店もあり、ひとが減っていて探しやすい。そのとき、あの【DOGモ】と目が合った【写真8―34】。

小走りで近づき、7年半前の写真と見比べる【写真8―1】。間違いない。地面にひざをつき、ピントを合わせて撮影した。長く待たされたことを怒っているような表情にすら見える。先ほどこの前を不用意に通りすぎた愚行を心のなかで謝罪した。

「フン」や「迷惑」などの赤文字が消えかかっており、7年半もの年月が過ぎたことを実感する。ひとしきり撮影したあと、当時と同じようにやや上の角度の構図でも写してみる。右側の建物が立て替えられたようで新しくなっているものの、左側は変わっていない。

【プンスカ犬】との邂逅は感動的だったが、予想以上に時間を費やしてしまった。Sくんは夜の飛行機で東京に戻るため、ここからレンタカーを返却して空港に向かわなければならない。余韻に浸っている場合ではない。「最後になにかおいしいものを食べたいですね」と繰り返し言っていたSくんだったが、博多駅に着いた時点ですでに飛行機の時間が迫っていた。私はもう一泊する予定だった。「明日はひとりで福岡市内の看板を探します」と約束しつつ、空腹のまま彼を見送った。

得体の知れない犬

翌日はだいぶ気楽であった。博多駅近くのホテルで朝食を済ませて大浴場に入り、チェックアウトする。天神方面に向かって適当に歩く。本日も快晴だ。一枚目は博多区の看板だった［写真8－35］。

長靴でも履いているようなしっかりした犬の足が良い。これ以外の看板は市街地ではなかなか見つからなかったため、公園に行くと二枚目があった［写真8－36］。こちらも管轄は博多区役所である。

得体の知れない容姿である。犬ではない可能性も高い。

三枚目と四枚目は近くにあった［写真8－37、8－38］。

犬の後ろ姿に味がある。飼

8-35

8-36

8-37

8-38

い主の上着のデザインも気になるところだ。

無事に福岡市の【オリジナル系】看板も発見でき、満足感があった。昨日の出来事を振り返る。福岡でのミステリーは終わったのだ。そう安堵したとき、電信柱に巻きついた白い看板を見つけた【写真8－39】。よく見ると福岡市と記載された「犬の看板」だ。

かなり色あせていて見えづらいが、かろうじて残っているシルエットのニュアンスから以前に埼玉県三郷市で撮影した【フリ素系】だと判断した。私が同じだと思ったその看板と一緒に並べてみる【写真8－40】。

このレポートを書くに際し、もう一度この二枚を検証した。犬が持っている警句の看板の形状や足の位置などから、どうやら似て非なる種類だとわかった。瞬間、血が騒いだ。この消えかかった絵柄の看板が福岡市内のどこかにはまだきれいに残っているのではないか。そう思ったとき、また折りをみて福岡を再訪しなければならないと腕を組む。

ひとつの旅の終わりは新たな旅の始まりなのかもしれない。

8-39

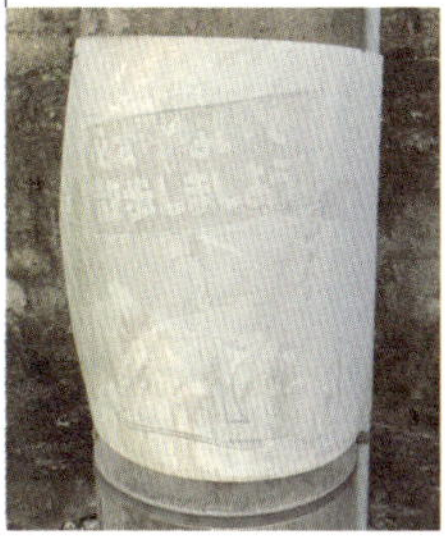

8-40

初出用語集

プンスカ犬…怒っている様子の犬。犬の看板探訪記が始まるきっかけとなったDOGモ。太宰府市にて発見。

column 犬の看板から学ぶ

いぬしぐさ

きっと空も飛べるだろう

埼玉県戸田市の犬

耳としっぽを上手に使えば空を飛ぶことも可能なのかもしれない。そんなきれいな心を持っているからこそ、美化啓発をうながす言葉にも説得力があるのだ。

〈第九回〉
神奈川犬編

ゲスト：鴻池留衣（小説家）

いざ神奈川へ

九回目の探訪は〈神奈川犬編〉だ。２０２３年9月現在、神奈川県には33の市町村が存在する。県の形状は横向きの犬が吠えているような【シルエット型】である。

神奈川県は私が生まれ育った場所でもある。「出生地」を訊かれた場合は「秦野《はだの》市」と答える。こちらの「犬の看板」が設置されている地域だ【写真9―1】。

別途「出身地」を回答する際は「厚木市」としている。秦野に住んでいた時期が短いため、長い時間を過ごした厚木の方が感覚的にしっくりくるからだ。ちなみに厚木市の看板はこちら【写真9―2】。

今回は小説家の鴻池《こうのいけ》留衣さんに同行のお声がけをしたところ、快諾いただけた。ゲストの参加は昼すぎのため、編集Sくんとふたりで午前中にいくつかの市町を回ることを計画した。小田急線「1

〈神奈川犬編〉探訪マップ　赤＝今回の探訪地

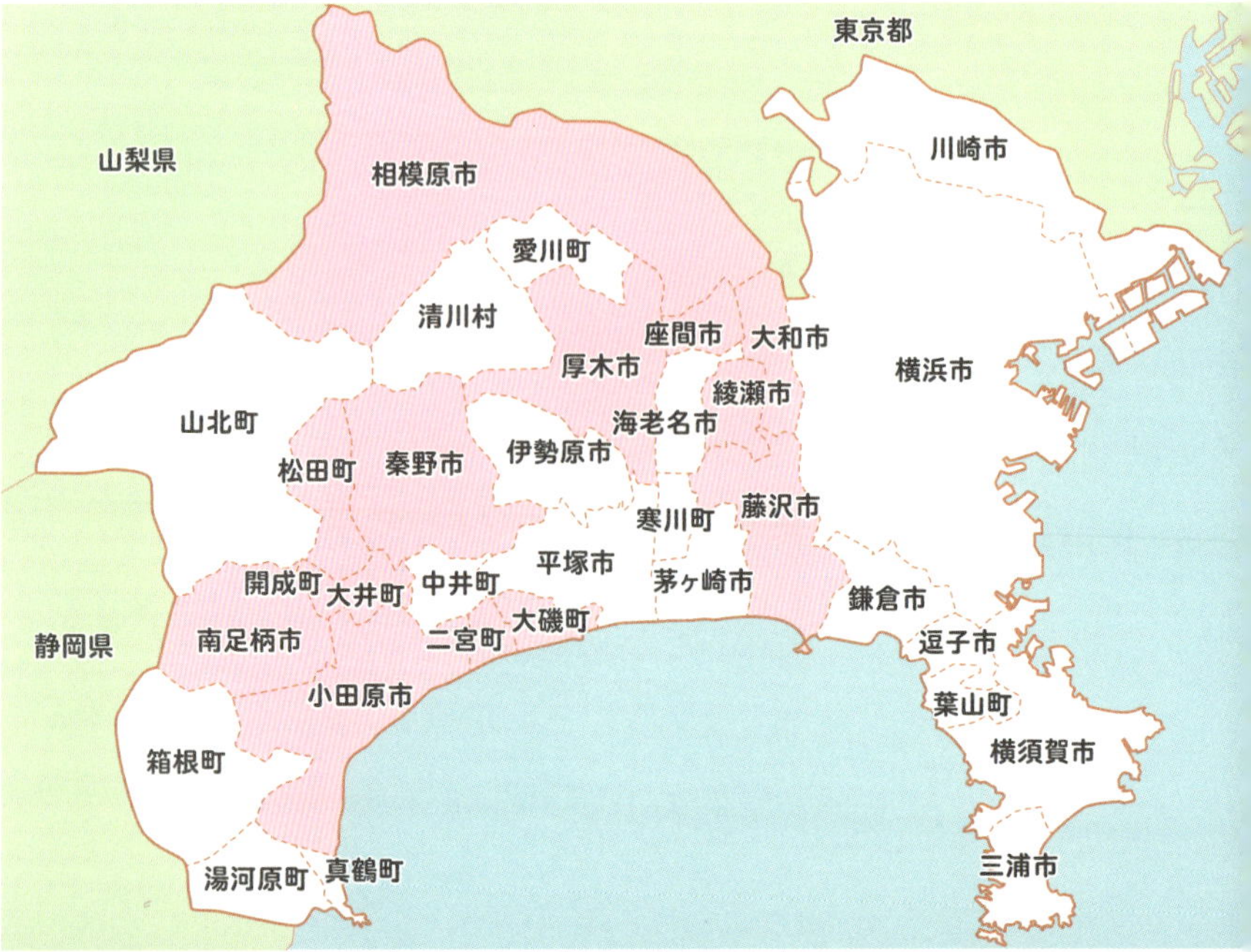

日全線フリー乗車券」をそれぞれ購入し、10月某日の朝8時に小田急線の新松田駅に集合とした。いまだ足を運んだことがない地域を選びつつ、なるべく効率よく行動できるようにと私がルートを作成した。

約束より20分はやく到着するつもりでいた。小田急線ユーザーたちのソウルフードともいえる駅そば「名代 箱根そば」でひとり朝食を済ませようと目論んでいたからだ。

予定通りの急行電車に無事乗ることができたため、リマインドも兼ねてSくんにその旨のメッセージを送ると、彼から返信があった。集合時間を勘違いしていたとのことで30分遅れるという謝罪だった。

こういった不測の事態が起きた場合は感情を乱してはならない。素早く頭を切り替えるのが肝要だ。駅に着いたらそばを食べ、ひとり松田町を探索することにして、Sくんとは隣駅の開成駅で落ち合うことにした。

車内は空いている。大きなリュックサックを傍らに置いているひとたちは登山を目的にしているのだろう。新松田駅の改札を出て集団に従うような格好で一緒にそば屋に入った。食後、JR松田駅方面に歩く。早々に看

9-1

9-2

9-3

9-4

9-5

9-6

9-7

板が見つかった［写真9―3］。【フリ素系】の【DOGモ】をトリミングした【切り抜き系】だ。まだ時間があったためほかの種類も探したが、どうやらこのデザイン一択のようだ。

駅に戻って乗車し、酒匂川橋梁を渡って開成駅で下車した。Sくんは次の電車で来ると連絡があったため、東口を出る。遊歩道に2種類の看板を発見した［写真9―4、9―5］。どちらも【フリ素系】だった。

開成駅の改札でSくんと会い、今度は西口を出て南足柄市に向かう。開成みなみ通りを西に行くと、要定川を渡る橋のたもとに看板があった［写真9―6］。管轄名が「南足柄市」だ。こうやって市境を「犬の看板」からも知ることができるのだ。
いつものことながら一枚目が見つかると安堵感がある。大雄山線の和田河原駅を横目にして住宅街へ。路肩には整備された小川が流れている。「ずいぶん暮らしやすそうな町ですね」とSくんがつぶやく中、二枚目に遭遇した【写真9－7】。

かなり色あせてはいるが、【オリジナル系】とおぼしき看板だ。「ウ●チ」と一部が伏せ字になっているのが珍しい。「ぼくたちきらわれたくない!!」の文言含め、哀愁ただよう【DOGモ】である。

進路を変えて小田原市に入り、栢山《かやま》駅近くの喫茶店「茶々」で小休止した。店の奥では占いが行われていて、衝立の向こうで誰かの手相を見ているようだ。「今が運命のわかれ道です」と断言する占い師の声を背中に聞きながら退店し、県道714号線を進んで酒匂川にかかる橋に着いた。そのそばのガードレールに看板があった【写真9－8】。輪を描いたリードに文言が収まっているのがユニークだ。太いまゆげの効果だろうか、【DOGモ】が頼もしく見える。

橋の向こう側が大井町だ。徒歩で渡ると川の大きさをより実感できる。堤防に並ぶ松の木々は地元の名士である二宮金次郎が植えたというエピソードを小学校で教わった記憶がある。

ゲストの鴻池さんとは相模大野駅に12時30分の待ち合わせであり、それほど余裕がない。橋を渡

9-8

9-9

り終えてから二手にわかれ、別々で探すことにした。間もなくSくんから画像が送られてきた［写真9―9］。

急ぎ開成駅に戻り、Sくんと再会した。タイミングよく上り電車が来た。

理解ある仲間

時間に少し遅れてしまったが、無事に鴻池さんと合流し、片瀬江ノ島方面の電車に乗った。鴻池さんにルートマップを渡して本日の探訪について説明する。長後駅のある藤沢市から綾瀬市を経由し、高座渋谷駅のある大和市まで徒歩で移動する予定だ。20分ほどで長後駅に到着し、ホームで写真を撮った。

はからずもペアルックである。ふたりが着ているTシャツは、私が企画・制作した『ODD ZINE Vol.8』の鴻池さんバージョン（完売／再販未定）だ。バックには鴻池さん作の小説がプリントされており、フロントのポップな犬のイラストも鴻池さんの筆によるものだ。

鴻池さんとはライターの伊藤健史くんと一緒に

「犬の看板」についてメディアに出演したこともあるし、イベントで何度か語り合ってもいる。（※小説家と「犬の看板」を見せ合う会／デイリーポータルZ／２０２０年10月９日公開）

鴻池さんは私のこの活動に最も理解のある小説家仲間といって過言ではないだろう。三人で西口改札を出る。遠目に駐輪場があり、フェンスに白くて四角いものが視認できた。確信を持って小走りで近づくとはたして「犬の看板」だった【写真９－10】。

9-10

版画のような角ばった【ＤＯＧモ】たちがかわいい。管轄名には「長後地区郷土づくり推進会議長後地区生活環境協議会」とある。

藤沢市のホームページによると、長後地区は都市基盤が未整備のまま宅地化されたことで都市づくり上の課題をいろいろと抱えているらしい。そのことを憂慮し、町をより良くしたいという意識を持つ住人も多いのかもしれない。独自の「犬の看板」を作成・設置していることからも意欲がうかがえる。

ここで周辺地図を確認し、藤沢市長後市民センターの周辺に設置されているのではないかと予測を立てた。狙い通り前庭の植込みに発見した【写真９－11】。短冊型であり、この形状の看板は湘南エリア特有の傾向と思われるため、同エリアの二宮町と大磯町の看板も並べてみる【写真９－12、９－13】。どの【ＤＯＧモ】も陽気に見える。マリンスポーツ仲間かもしれない。

つづいて二枚目の看板は公園に設置されていた【写真9－14】。「公園課」とシールが貼られてしまっていてわかりづらいが、その下に「藤沢市」の文字がおおい隠されている。水玉模様の【DOGモ】はイタリア漫画のキャラクターのピンパをどことなく想起させる。目玉焼きみたいな花々もチャーミングで良い。

三枚目は松田町と同様、【切り抜き系】だ【写真9－15】。元になっている看板と比較してみるとわかりやすい。こちら日野市の看板である。耳の動きに躍動感のある【DOGモ】だ【写真9－16】。

9-11

9-12

9-13

9-14

鴻池さんは散歩が好きで、夜通し歩き回ることもたびたびあるとのこと。今回の同行の間、「この道は良い」とか「あの建物が気になる」とか、「犬の看板」以外の様々なものにも反応し、立ち止まったりしながら感想を述べていた。

「犬の看板」の魅力につ

9-15

9-16

いて尋ねたところ、「散歩のミッションがひとつ増えるところ」と教えてくれた。鴻池さんは以前から散歩をしながら道行く車を眺めたり、廃線となった場所を探索したりしていたが、そこに「犬の看板」を探すというミッションが加わったそうだ。

たとえば旅の目的を「温泉」「グルメ」「観光」とした場合、そこに「犬の看板」を足して楽しみを増やすことは可能だろう。「スポーツ観戦」「スノーボード」「野鳥観察」「カフェ巡り」「美術館」など、どれと組み合わせても相性が良い。「犬の看板」探訪は新しい娯楽のひとつとして万能型のユーティリティーカードといえるのかもしれない。

恐るべき幸運

雑談を交わすうちに気づけば綾瀬市に入っていた。ここで見つけたすべての看板をまとめて紹介する［写真9－17～9－23］。

40分ほどの短時間のうちにこれだけ多くの種類が見つかったことに驚きを覚える。【犬の看板天国】というより、【フリ素系フェス】状態であり、あらゆる【フリ素系】の看板がここに集結しているとみて間違いないだろう。【フリ素系フェス】

9-17

9-18

9-19

9-20

9-21

9-22

9-23

9-24

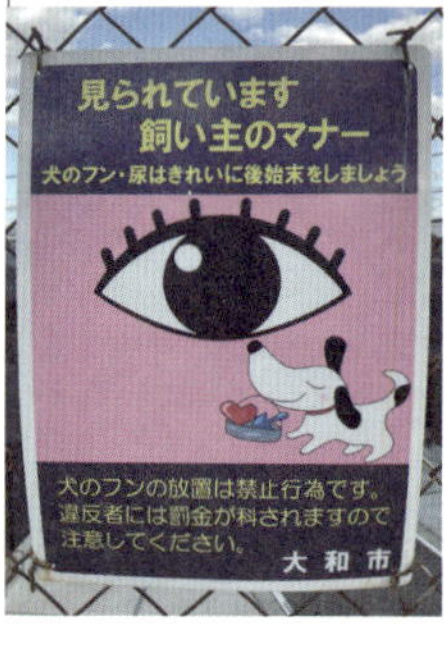

に参加ご希望の皆様は神奈川県綾瀬市にお集まりを。1年365日24時間、いつでも開催中のうえに、入場料はなんと無料だ。ちなみに市の標語は「緑と文化が薫るふれあいのまち あやせ」である。

隣の大和市では【オリジナル系】とおぼしき看板が見つかった【写真9−24】。

新宿西口の地下広場にあるパブリックアート「新宿の目」のような巨大な目にまずは注意が向くが、その前をのんきな表情で通り過ぎる犬が愛らしい。口にくわえているカゴのなかのハート型の道具がいったいなんなのかは不明である。

やがて高座渋谷駅に到着した。途中でコンビニに軽く寄った程度であり、およそ1時間30分ほど休まずに歩いたことになるが、鴻池さんもSくんも特に疲れている様子もないため、計画通りここから小田急相模原駅に向かうことにした。

相模大野駅で一度乗り換える必要がある。箱根湯本方面の各駅停車の電車にひと駅だけ乗って下車した。小田急相模原駅は相模原市と座間市のほぼ市境に位置する。

駅の南口を出てまずは座間市を攻める。最初こそ不作だったものの、住宅街に行くとここでも唐突に【フリ素系フェス】が始まったのである【写真9−25〜9−33】。

綾瀬市で十二分に堪能したにも関わらず、同日にあっさりとその規模を超える地域の存在に興奮しきりだった。この九枚は直線30メートルほどの区間で見つかった看板がほとんどで、まさに【DOGモたちのシャンゼリゼ通り】であった。

小田急相模原駅を出たあと、我々の眼前に路地はいくつもあったのだ。その一本をたまたま選んだことにより、この奇跡の通りを見つけ出すことができたのである。恐るべき幸運が日常の隙間にひっそりと存在する様は、まるで人生そのもののダイナミズムのようではないか。

そしてさらに驚くべきことに【フリ素系】だけ

9-25

9-26

9-27

9-28

9-29

9-30

9-31

9-32

9-33

でなく、初見の看板も出現した。こちら十枚目の看板である【写真9－34】。

9-34

9-35

排泄しようとして足をあげた瞬間に「ストップ!!」と止められるのはつらい状況のように思いつつ、この【DOGモ】のキュートさに惹かれる。赤い三角形の口元が魅力的だが、紫外線によって消えてしまう哀しい未来を想像すると、この状態の看板を撮影できたことに喜びを覚える。

十一枚目の看板も初見だった【写真9－35】。小首を傾げながら口を薄く開けているせいで迫力ある表情になっている。みけんのあたりの丸い影も効果的で、照明の使い方が優れている。

9-36

十二枚目は私とSくんが先ほどいた酒匂川沿いの土手を想起させる絵柄だ【写真9－36】。一緒に散歩することの美しさに犬も飼い主も気づいて

いるような表情が良い。

座間市を存分に楽しんだあと、相模原市に向かった。その東林地区に【オリジナル系】とおぼしき看板が2種類あった［写真9－37、9－38］。

9-37

9-38

なにより犬の姿が大きく描かれているだけでうれしくなる。特に二枚目の【ＤＯＧモ】の細部が良い。毛の波打ち方、片耳の折れ方、警句をくわえる口元のやわらかさ、まん丸の目、エクレアみたいな色づかいと、どこをとっても素晴らしい。すべての犬たちを愛していると公言している以上、順位をつけることに抵抗はありつつも、至高の【ＤＯＧモ】であると断言できる。

別途、市の看板も発見した［写真9－39］。振り向き方に愛嬌がある【ＤＯＧモ】だ。

二枚目は【指導系】ではあるが、犬と人間が同等の位置にいるのが特徴だろう［写真9－40］。

この時点で17時を過ぎていた。まだ陽が落ち切る前ではあったものの、十分な成果があったため、早々に打ち上げへと流れることにした。駅近くのとんかつ屋「吉列屋」に入る。

一日を振り返ったとき、鴻池さんが一緒にいる

9-40

9-39

ことが当たり前のようだったと思い至った。ゲストを特に意識することなく、いつもと同じペースで探訪することができた。鴻池さんが終始自然体でいてくれたからかもしれない。

感想の執筆について改めて伝えたところ、「たぶん長いのを書きますよ」と回答くださった。私のレポートのあとに鴻池さんのどんな文章が添えられるのだろうか。愉快に想像しながら、ひとり帰路についた。

初出用語集

切り抜き系…フリ素系のDOGモをトリミングして使用した看板。

フリ素系フェス…あらゆるフリ素系の看板が集結している場所。神奈川県綾瀬市と座間市での開催が確認された。

DOGモたちのシャンゼリゼ通り…DOGモたちの活躍を一挙に眺めることのできる通りの名称。座間市では直線30メートルほどの区間に九匹のDOGモがいた。

鴻池留衣

犬の看板とは？

小説家としての僕の先輩、太田靖久さんは「犬の看板」を収集している。

「犬の看板」とは、巷に設置されている、ペットの犬の糞の放置を窘《たしな》めるあの、注意書きのことだ。

「犬のふんはもちかえろう」とかそんな類の文言とともに、ワンちゃん、あるいはそれに加えてワンちゃんの糞、飼い主などのイラストが印刷されている。元々僕は散歩が趣味なのだが、普段街中を歩いていて、あえてそれらに注目することはなかった。犬の看板に様々なバリエーションや共通点、および相違点、面白みがあることに気づいたのは、太田さんと出会ってからここ数年のことだ。

太田さんは、それら「犬の看板」の写真を収集している。

もともと犬が好きだったとは言え、僕もこの趣味（ライフワーク？）に感化されて、散歩がてら見つけた看板の写真を撮り集めるようになった。その奥深いサブカル世界に一歩足を踏み入れてしまったが最後、まんまと洗脳されてしまったのである。妻と一緒に散歩しながら、犬の看板（の写真）をゲットする。のちにその作品の鑑定を太田さんに依頼する。まだ彼の持っていない種類の看板だったときには、めちゃくちゃうれしい。なんというか、師匠の鼻を明かした気分になる。

はあ、かわいい

評価基準

犬の看板のコレクションには、太田さんなりの評価基準、つまり看板の良し悪しを測る価値観がある。つまり犬の看板と言えど、価値の高いものと低いものがあるわけだ。

太田さんにとって大事なのは、まず「ラミネート系」ではないこと。これは、家庭レベルの環境で手軽に印刷した、もしくは手書きでこしらえた紙を、ラミネートすることによって作ったお手製感溢れる看板（というか、軽く防水加工しただけの紙）のことだ。誰でも作れてしまうので、絵柄と文言のバリエーションは無限に存在し得る。「例外」を簡単に作れてしまうので、ジャンルとしてはメインたりえない。わざわざ収集するような代物ではない、と。

要するに、犬の看板は、金属製の板に、雨で濡れても落ちないインクで描かれた「正式なもの」でなければ意味がない、ということなのだろうと勝手に想像している。

僕はというと実はラミネート系もまあまあ好きだ。言い方が適切かどうかわからないが、おそらくデザイナーなどではない素人が、巷の「正式な」看板を見よう見まねで模倣して（もしくは想像して）作ったその稚拙さがなかなか楽しい。小学生が休み時間に自由帳に書いた漫画をこっそり見るみたいな悦びがある。見つけたら僕は一応ゲット（撮影）する。しかし、太田さんからしたらカスみたいなものなのだ。ラミネート系のみならず、ピクトグラム系（正式なものではあるが犬の意匠の抽象度が高すぎる代物）もまた、評価は低いと思われる。こちらは僕もあまり興味がない。

とは言え、犬の看板収集の醍醐味は、自分なりの評価基準を設けて品評することにある。自分の「推し看板」を見つければ良い。あるいは自分で新たに「〜系」とカテゴリーをこしらえるのもまた一興だ。

例えば「上書き系」。僕が作ったオリジナルのカテゴリーだ。以前そこに掲げられていた犬の看板の上に、別の看板を重ね合わせたり、文言やイラストを付け足したりした代物のこと。過去を隠蔽しようとするくせにうっすらと下地が透けて見えるとなお良い。こちらはラミネート系との合わせ技が多いような気がする。

今回の探訪で、太田さんと小島書房Sさんと一緒に神奈川を巡り歩いているうちに、僕はまた一つ新たな「〜系」を発明した。

犬の看板ではなく、巷には「ポイ捨て禁止」とか「立ち小便禁止」とか「痴漢注意」などの看板が至る所にある。探訪の折、遠目で犬の看板らしきものを発見したかと思いきや、近くで見てみれば全然違うメッセージの入った看板であることが時々ある。そういうとき太田さんは、一瞬で興味を失い、注意をまた別の方へ移すのだ。太田さんのこの、犬の看板への一途さというか、ほかの看板への冷酷さみたいなものに触れ

犬の看板ではあるけれど、糞の看板ではないので、太田さんに見捨てられた

絵もないし、テキストも猫とペアなので、太田さんは一瞥くれるだけだった

て、僕はそのとき彼に見捨てられた「ポイ捨て禁止」の看板にいたく同情してしまった。そして、あ！　「太田さんに見捨てられた系」ってある！　と気づいた。「犬の看板」の範疇《はんちゅう》からは外れてしまうように思えるが、犬の看板を収集しているときに発生した余剰物であるが故に、広義の犬の看板であると僕は見做《みな》したい。今後また太田さんと探訪する機会があれば、その観点からも看板を収集していこう。

差出人

太田さんはそれから、自治体の名前の入っている犬の看板を好む。犬の看板には大抵、そのメッセージの差出人の署名がある。今回の探訪の範囲は、綾瀬市、大和市、藤沢市、座間市、相模原市だったのだけれど、看板には是非とも差出人として自治体名を記入していてほしいところなのだ。そして幸運にも、ほぼ全ての看板が、「～市役所」などと付けずにシンプルに「～市」とだけ表記して、差出人のアイデンティティを主張してくれていた。

差出人が「UR都市機構」だと価値が下がる。この感覚を例えるなら、その土地固有の、土着のモンスターを捕らえたいハンター気質といったところか。この点は僕も同感だ。いわゆる「フリ素（フリー素材）系」という概念がある。全国各地の犬の看板には、様々な差出人によって使いまわされている犬のイラストが何種類もあり、それらをあしらった作品をフリ素系と呼ぶ。同じワンちゃんでも、自治体によって絵柄

キツネやヤブイヌなどと同様、タヌキも広義の犬である。こちらも僕にとっては犬の看板だ

が微妙に異なったり、あるいは全く同じだったりする。だから、コレクションする上でも、比較検証する上でも、どこでゲットしたワンちゃんなのか自治体名で一目瞭然な方が望ましい。そして自治体と言っても、よりローカルでなくてはならない。「正式な」看板を出せる最小単位であろう市区町村レベルのものが価値が高い。（という解釈でよろしいでしょうか、太田さん。）

僕の場合は、差出人に「長い名前系」という基準を付け加えたい。例えば「塩尻市衛生協議会連合会」とか「埼玉県狂犬病予防協会（県・市町村・県獣医師会・協賛開業獣医師）」みたいなやつ。

こんなふうに長くなると、差出人の自己紹介なのにその実態が曖昧になる。名前で許して説明すればするほど、どんな組織なのか想像する自由度が増す。このパラドックスに興奮する。今回の探訪では巡り会えなかったが、堅苦しい怪しい名前の組織がガラにもなくかわいいワンちゃんのキャラクターを使いながら暗躍する様を、また拝みたいものだ。

ちなみに、さっきあげた差出人の後者は、「埼玉県」規模の組織であり、市区町村より広い範囲のカバーだ。なのでその分ありがたみは減少する。けれども、僕にとってはこの、差出人名の長さという基準の方が作品の評価では優先される。看板のワンちゃんがいかにかわいいかも大事だが、それに対応した差出人名の胡散臭さ、おどろおどろしさも軽視できない。

UR都市機構お馴染みの看板だが、「神奈川西住宅管理センター」の署名によって若干のローカルさを演出している

つまるところ、犬の看板収集とは、看板のみならず収集者のオリジナリティーも試される創造的かつ高尚な嗜好である。一朝一夕には行かない道の険しさ、滋味があり、日々の修行は疎かにできない。

エスパー

太田さんはエスパーだ。数十メートル離れた遠くからでも、犬の看板を見つけることができる。

僕が太田さんたちと合流して最初に訪れた藤沢市の長後駅から歩き始めて、数分後のことだった。

「あ、それっぽい」と彼が発見したのは、100メートルほど距離のあるこちらからでは張り紙なのか看板以外の構造物なのか判別できないような、風景の中に埋もれる小さな白っぽい四角形だった。

しかし実際に近づいてみると、これが本当に犬の看板だった。

「超能力者かよ!」と突っ込んだ。視力が良すぎるのか、それとも犬よろしく嗅覚が鋭いのか。

その後もたくさんのワンちゃんたちと出会うことができた。

しばらく歩いてたどり着いたのは「藤沢市長後市民センター」。太田さん曰く、暗《あん》渠《きょ》上の緑道とか、自治体運営の公共施設において、犬の看板の出現率が高いとのことで、実際、施設を取り囲む生垣の中に、黄色い短冊形（縦長）の犬の看板を複数発見。太田さんも初めて遭遇したと言っていた、このブルドッグちゃん。もう超絶かわいい。すっとぼけたような屈託のない表情で、舌を出し、こちらを敵意なく見つめていた。抱きしめたくなる。

犬を求めてさまよい歩く我々は、様々な土地で、そこに住む犬たちに出迎えられているとも言える。いや、我々は犬に呼ばれてそこへやってくるのかもしれない。「ここにいるよ、わんわん」という看板ワンちゃんたちの鳴き声を聞き取る優れた感覚が、太田さん、そして僕にもあるに違いない（後述）。

座間市の犬看ストリート

やって来たのは小田急小田原線「小田急相模原駅」。「小田急」までも含めてが、この駅の正式名称だ。名前は知っていたが、訪れたことは無かった。

相模原市を地図上で俯瞰してみるとわかるが、この市はどでかく、東西に伸びた形をしている。小田急〝相模原〟駅などと銘打っておきながら、この駅は相模原市の中心ではなく東の外れ（南区）に位置しており、駅自体が座間市との境界線に接している。

ところで、「相模原駅」は他にもある。相模原市のおよそ中心に位置する（中央区）、JR横浜線相模原駅である。小田急相模原駅からは直線距離にしておよそ8・7キロメートル離れている。

超かわいい

小鳥書房Sさんもメロメロである

二つの「相模原駅」。最初に「相模原駅」を名乗ったのは、実は小田急の方だった（1938年開業）。当時は「相模原」という名の行政単位は存在しておらず、旧相模原駅（現小田急相模原駅）の所在地は、神奈川県高座郡大野村と言った。

存在しない自治体の名前を名乗るなんて、小田急には予知能力でもあったのだろうか？　いや、そうではない。以下に説明する。

1930年代当時、陸軍には、現在の相模原市一帯にあたる地区を軍都（軍事施設のお祭りみたいな都市）にする計画があり、区域に該当する複数の自治体を合併しようとする動きが活発化していた。で、将来の新自治体の名称として最有力なのが「相模原」だったため、小田急はその誕生に先んじて、この駅に「相模原駅」という名を与えたわけだ。

しかし1941年、当時の鉄道省が横浜線に別に「相模原駅」を作ってしまった。現在のアメリカ陸軍の補給施設にあたる区域に当時は「相模陸軍造兵廠《しょう》」という戦車の開発・実験・製造を行う施設があり、横浜線相模原駅は、その目の前にドシンと、まさに〃軍都〃相模原の中心たる新駅として設けられた。当時ここは神奈川県高座郡相原村と言った。まさに横浜線相模原駅開業の24日後に、大規模な合併が行われ、高座郡相模原町（現在の相模原市の原型）が誕生することになる。

国や軍部の声が強かった時代において、後出しジャンケンに負ける形で、小田急は自社の相模原駅の名称変更を余儀なくされ、旧名の頭に「小田急」を付した、というわけなのだ。

実は現在、この二つの「相模原駅」に関して一つのトピックがある。

小田急には、小田急多摩線という鉄道路線がある。現在その終点は唐木田駅なのだが、小田急はここから延伸して、ＪＲの相模原駅まで線路を建設する計画があり、２０２７年度の開業を目標に進めている（現実的にはもっと後の開業になると予想されている）。

するとどうなるだろう。小田急は自社の路線図の内に、「小田急相模原駅」と「相模原駅」の、二つの〝相模原駅〟を抱え込むことになってしまう。これでは利用者が混乱してしまう。だから、この延伸の暁には、二つの「相模原駅」のどちらか、もしくは両方が名称を変更することが予想される。で、ここ数年、二つの相模原駅の名称変更案を、勝手に僕の中で広く募集していた。

例えばＪＲの方をＪＲ難波駅よろしく「ＪＲ相模原」と改称して、小田急との差別化を図る方法がすぐに思いついた。１９４１年の後出しジャンケンの、仕返し案だ。

けれどもこの仕返しを、小田急の方が望まないとも予想される。なぜなら自社線の終点駅名に「ＪＲ」を表記することになるからだ。別にそのくらいいいだろうと普通は思うけれど、企業の感情というのは個人レベルでは共感できない部分も多々ある。

似たような例では、かつて地下鉄半蔵門線が全線ではなく途中まで開業し、終点が三越前駅の時代があった。同線に田園都市線の電車を乗り入れさせている東急は、百貨店も営んでおり、すなわち三越とはライバル関係にある。そのため、東急線内では「三越前行き」とはアナウンスせずに、「半蔵門線方面行き直通列車」などと言って極力「三越」の名を避けた、という伝説がある。

相模原はどうだろう？　運輸において小田急とJR東日本が競合している印象は薄いが、確かに百貨店というかショッピングセンターでは競合しているかもしれない（小田急百貨店vsルミネ）。

では「JR」とは付けずに、「相模原中央駅」「中央相模原駅」などと変更するのはどうか。相模原市役所の最寄りであり、所在地の大字も「相模原」であるという立地上、大正解じゃないか。

いや、今更だがそもそもJRが、名称変更のコストを負担することに納得するだろうか。多摩線延伸という小田急側の都合によって生じる不具合なわけだから、先方に責任（もしくは諸経費の支払い）を押し付けたいに決まっている。

無難なのは、小田急相模原駅側で、「東相模原駅」とか「南相模原駅」とか、もしくは「小田急東（南）相模原駅」みたいにちょこっと変更する案だ。小田急相模原駅周辺の不動産には既に「小田急相模原」の名称が与えられている。それらを慮って、最寄駅との大幅な名称不一致を避けるための、ちょこっと案である。

待てよ？　そうじゃなく、地元住民による俗称を、そのまま正式名称にするのはどうだろうか。

すなわち、小田急相模原駅を、「おださが駅」へ変更するのである。「京成西船」みたいな感じだ。

「小田相」と書いて「おださが」でもいいし、カタカナで「オダサガ駅」でもいい。ロマサガ（ロマンシングサガ）みたいでいいじゃないか。加藤茶だって元来の愛称が「かとちゃん」だったから、芸名を加藤「茶」にしたのであって、俗称を正式に採用するというのは良き解決策だろう。

そんなわけで、僕は「おださが駅」を心の正式名称に採用した。

無論、小田急多摩線は２０２３年現在唐木田から延伸していない。

僕は、おださが駅を降りると、そこから太田さんたちと共にふたたび犬の看板を求めてさまよい始めた。

ここは座間市だ。

すると数分歩いたところにある住宅街の狭い道に、あった。犬の看板のオンパレードが。一戸建て住宅が道を挟んで建ち並ぶのだが、それこそ一つの物件に一犬の看板と言ってもいいくらいの頻度で、ほとんど絵柄が重複することなく、次々と現れる。

「まるでサーカスだな」と、太田さんが心の中で言ったかどうかは定かでないが、興奮を隠せないその様子に僕もまた感化されて次々と写真を撮った。

入れ歯のような、前歯の歯並びの良さよ

本番

探索を終え、ビールで乾杯する。今日という日を振り返るこのくつろぎの時間こそが、僕にとって本企画の本番だ。太田さんはお酒を飲まないので、僕とSさんで瓶ビールを注ぎあう。お店がとんかつ屋ということで、太田さんは定食を注文し、僕とSさんは揚げ物やさっぱりしたおつまみをいくつか頼んだ。

目の前にいる本企画のレギュラー2人から聞くところによると、これまでで今回が最も多くの新作をゲットできた探索だったそうだ。僕は自らの犬の看板への愛が、犬の看板の神様に通じたことを知り、誇らしく思った。やはり僕にはワンちゃんの声を聞く第6感が備わっているらしい。太田さんのエスパーだけが今日の数々の出会いを引き寄せたのではなく、犬と犬の看板を愛す僕にも何らかのパワーが秘められていたのは確実だ。2人のパワーの相乗効果で、ワンちゃんたちとのハッピーなひとときをたくさん過ごすことができた。万歳。

勝利の美酒に酔いしれている間に、太田さんはとうに食事を済ませていた。それに気づいていながら気づかぬふりをして、酒とおつまみを次々とおかわりする僕である。

それにしても、どうして犬の看板は僕のハートをここまでキャッチしたのだろうか。

〃文化的催眠〃

本稿の冒頭で、僕は散歩が趣味だと述べたが、散歩といっても多くの人が想像する

酒飲みたくなってきた

ような気晴らしや軽い運動の類ではなく、ガチのやつである。

一度の散歩に費やす時間は1、2時間とかその程度ではない。僕は東京都台東区に住んでいるのだが、遠征先は埼玉県、千葉県、神奈川県、都下と広い範囲に及んでおり、多ければ50,000歩以上、少なくとも20,000歩は歩かないと気が済まない。

毎度散歩にはなんらかのテーマが込められる。

「首都高都心環状線沿いを歩く」「北区の軍事貨物線跡を歩く」「もし東京都市計画道路幹線街路環状第3号線（環三通り）が全通していたらどこ通っていたかしら探検」あるいは鉄道、建物などの戦前の遺構を見に行こう、といった具合だ。

〝東京時層地図〟（by一般財団法人日本地図センター）というスマホのアプリが非常に役立つ。明治から現代までの時間を軸に、東京の変遷が複数の地図レイヤーで把握できる優れた地図である。とても勉強になるし、オススメだ。

で、まあそんなふうに東京近郊の様々な場所に出現し、お腹が空いたらGoogleマップで星の数が多い近場の店で舌鼓を打ち、コンビニで買った酒を飲みながらまた歩き始めるのだ。道中、散歩のテーマはもちろんのこと、それ以外の気になった光景をもいくつも写真に収める。

巷にはあらゆる種類の看板が自己主張をしているが、大抵はコマーシャルな目的のものであり、常に僕たちを〝文化的催眠〟にかけようと必死である。

ここでいう〝文化的催眠〟とは、要するに僕たちの欲望をデザイン、クリエイトする行為のこと。僕たちは自分自身の根源から湧き上がる欲望ではなく、他人から欲望を強制されている。「こういうものを欲せ」「こういうものが美しい」「こういう人間像が正しい」などと洗脳されており、だからこそ民主主義とか資本主義などはぐるぐる回っているわけだけれど、社会ってそもそも一つのおっきな〝文化的催眠〟をみんなで共有するものだ。社会の一員たるためにはある程度心を他人に隷属させなくてはならない。

僕は資本主義社会の広告が好きだ。一歩引いた視点で眺めてみれば、とてもかわいい。そこには様々な創意工夫や研究、トライアンドエラーの痕跡が見つかるし、何よりも文化という奥深い営みの凄みを感じる。あれらは自己増殖して、死んだり生まれたりしながら進化する、ある種の生命なんじゃないかとすら思う。

散歩をしながら僕は、人々に〝文化的催眠〟をかけようとする看板たちを微笑ましく眺める。広告を浴びることで、「この時代、この場所」という座標に僕の身体が反応するのだ。ああ、「現代の地球」上を歩いているなあ、という感慨に耽る。

だって、諸行無常だから、今しかこの光景は無いのである。ここに来ればいつでもこの〝文化的催眠〟に会えるわけではないのだ。幻なのだ。つまり僕はその時、おばけを目の当たりにしている。

看板にはそれ以外にも、公益を目的としたメッセージの看板があって、そのうちの一つが犬の看板だ。

犬の看板の主張は、犬のうんこを放置するな、である。僕はある時まで、散歩をしながらその〝うんこ的催眠〟に知らず知らずのうちにかかっていたと思われる。

資本主義の広告はその魂胆をこちら側が把握しているから洗脳されずに済んでいるけれど、サブリミナル的に視界に入れていた犬の看板には、ある時期まではヤられていたということ。

つまり、うちでは犬を飼っていないし、これまでに飼ったこともないが、僕は犬のうんこを公共の場に放置して去っていくような愚人ではなくなっていたのだ。

ちょっと何言っているのかわからなくなってきた。

とにかく、〝うんこ的催眠〟からも解き放たれた。犬の看板がそこに〝ある〟と認知できたので、重層的な時の流れを風景の中に観察するためのアイテムが一つ手に入った、と言いたかった。看板のペンキは紫外線で色あせ、金属の板は錆びて朽ちていく。人類が滅亡した後、それでもしぶとく生き残った作品があったとしたら、ここを訪れた知的生命体はきっと、我々が犬の糞を放置することを良しとしないマナー

を持ち合わせていたこと、および看板があるということはマナーを守らないモラルの持ち主がいたことを知るだろう。

ご清聴ありがとうございます。

鴻池さんオリジナル用語集

上書き系…以前そこに掲げられていた犬の看板の上に、別の看板を重ね合わせたり、文言やイラストを付け足したりする代物のこと。

太田さんに見捨てられた系…犬の看板を収集しているときに発生した余剰物であるが故に、広義の犬の看板であると見做す。

長い名前系…名前で冗長に説明すればするほど、どんな組織なのか想像する自由度が増す。例えば「塩尻市衛生協議会連合会」とか「埼玉県狂犬病予防協会（県・市町村・県獣医師会・協賛開業獣医師）」など。

鴻池留衣（こうのいけ・るい）

小説家。1987年埼玉県川口市生まれ。慶應義塾大学文学部仏文科中退。2016年「二人組み」で新潮新人賞を受賞してデビュー。著作に『ナイス☆エイジ』（新潮社　2018年）、『ジャップ・ン・ロール・ヒーロー』（新潮社　2019年）がある。imidasにて「純文学のナゾを解け〜酒場で書き手に色々聞いちゃいました」を連載中。

column 犬の看板から学ぶ

いぬしぐさ

可愛さで押し切る

神奈川県海老名市の犬

瞳を輝かせて無邪気な笑顔をつくりつつ、警句の看板にそっと両手を添えている。この純真な訴えを裏切ってしまえば、きっと罪悪感が芽生えてしまうだろう。

〈第十回〉 千葉犬編

いざ千葉へ

十回目の探訪は〈千葉犬編〉だ。２０２３年12月現在、千葉県には37市、16町、１村の合計54市町村が存在する。この〈千葉犬編〉に関しては少し前から大まかな構想があり、電車と車の２回に分けた探訪計画を立てていた。その理由を少し過去にさかのぼって説明したい。

10月某日に〈福岡犬・遠征編〉の取材を終え、福岡空港から飛行機で関東に戻ってきた。成田空港の第一ターミナルを出て京成本線で東京方面に向かうまでの間、ひとつひとつの駅に注意を払うものの、私にとってなじみのない駅名がつづき、千葉県のことをほとんどなにも知らないのだと痛感した。

今まで足を運んだ地域は千葉県の北西側に偏っている。千葉県の形状を象ったマスコットキャラクター「チーバくん」の身体の部位で説明するな

10-1

10-2

10-3

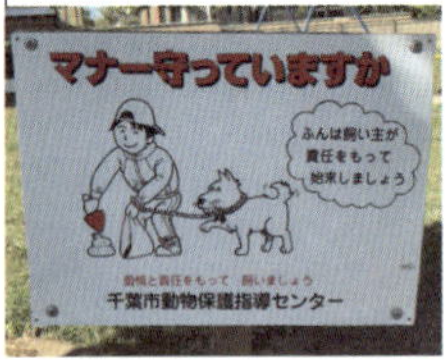

10-4

10-5

10-6

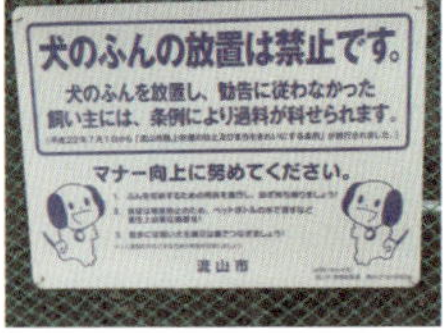

ら、鼻と口の周辺のみである。その中から6市の看板を先に紹介する。柏市、我孫子《あびこ》市、千葉市、習志野市、浦安市、流山市である【写真10－1～10－6】。

同行者の編集Sくんと事前に企画を練った。まずは下見のような形をとり、電車で一度探訪してから別日に改めて車でも訪れようと決め、初回は「北総線1日乗車券」を活用することにした。北総線は全部で15駅の比較的こじんまりとした路線であり、東京都の葛飾区と千葉県の6つの市（松戸市、市川市、鎌ヶ谷市、白井市、船橋市、印西市）を通っている。

一日乗車券を活用

11月某日、京成高砂駅に朝10時30分に集合とした。私自身は初めて利用する駅だったこともあって1時間ほどはやく行き、周辺を散策した。駅の北口側に「立喰いそば 新角」があった。外に貼

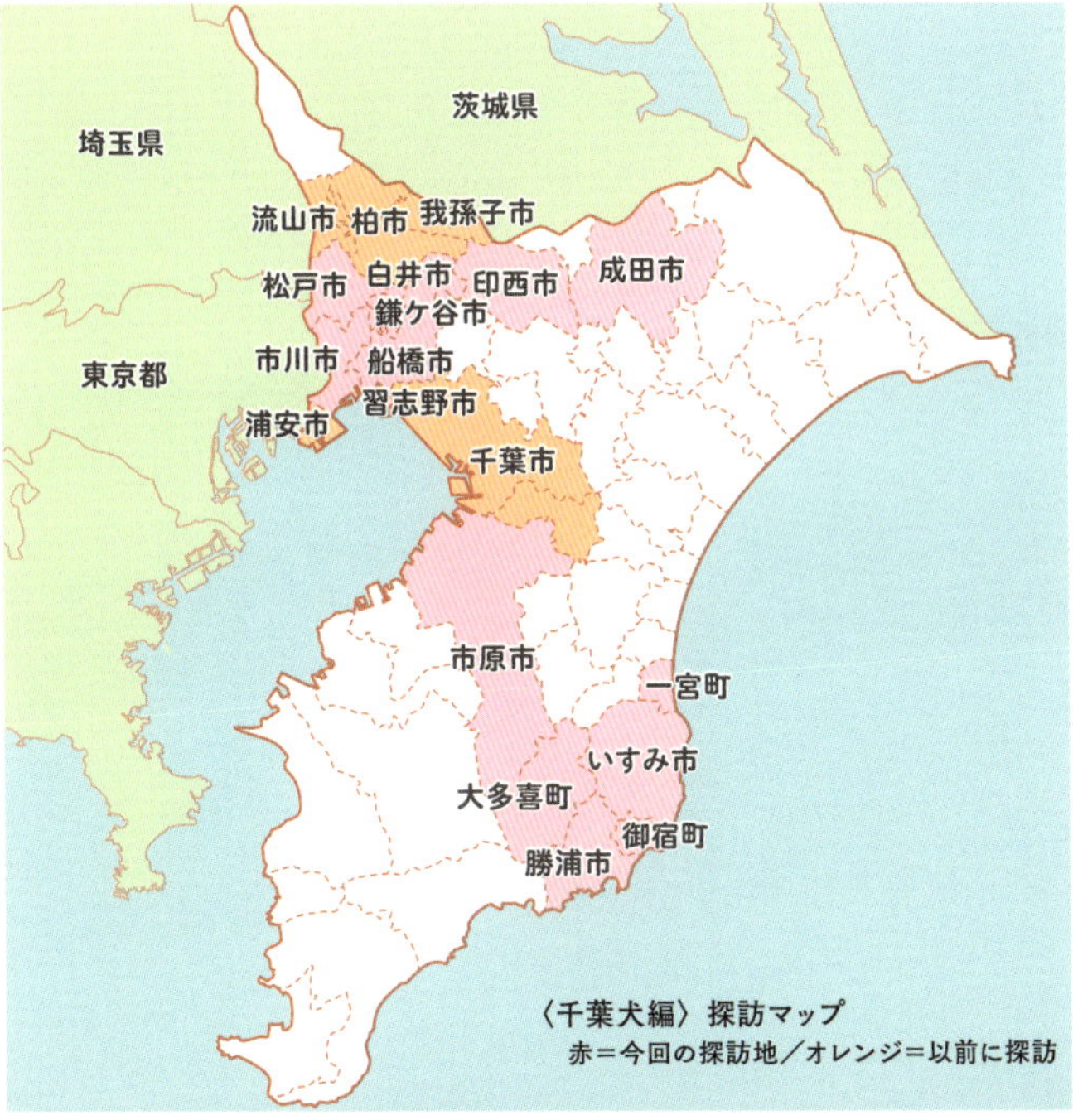

〈千葉犬編〉探訪マップ
赤＝今回の探訪地／オレンジ＝以前に探訪

り出されているメニューの数々が魅力的に映る。朝食は済ませていてそれほど空腹ではなかったものの、旅情気分もあり、のれんをくぐってカレーを注文した。

食事を終えたあと、Sくんと駅で合流した。夜に別件があるらしく、大きなリュックサックを背負っていた。それを構内のコインロッカーに預けてから電車に乗り込んだ。各駅停車でも終点までの乗車時間は40分ほどである。

印旛日本医大駅に到着した。ここは印西《いんざい》市だ。豪奢な時計塔を有する駅舎を出て新興住宅街を練り歩くものの、看板の気配が感じられない。こういったときの判断はむずかしく、同市の別の駅に移動した方が良いのかもしれないと迷う。とりあえず地図を確認し、観光名所と思われる松虫寺を目標とした。

寺の横に「マツムシコーヒー」と記された手書きの看板があった。林の奥にある背の低い建物から焙煎中のコーヒーの匂いが流れてくる。その強烈な誘惑に負け、「犬の看板」を一枚も見つけていないのに休憩を入れることにした。アフォガードをたしなみながら窓の外に目を向ける。普段の探訪中は意識が覚醒した状態だが、木漏れ日を眺めているうちに気持ちが凪いでしまった。このままではまずいと思うまでに少し時間がかかったが、ふたたび気合を入れ直し、駅に戻ることを決断した。

印旛日本医大駅からふた駅戻った千葉ニュータウン中央駅で下車した。ここは白井市にも近いため、市境を目指した。うまくいけば両市の看板を効率よく発見できるだろう。その狙い通りにまずは白井市の看板を発見した【写真10－7、10－8】。どちらも【フリ素系】である。

こうなると弾みがつく。印西市の一枚目は「歩行喫煙禁止」と「ポイ捨て禁止」と「フンの放置禁止」がひとつにまとまっている看板だった【写真10−9】。この【シルエット型】の【DOGモ】の元のイラストとおぼしき看板を一緒に並べてみる【写真10−10】。こちらは東大和市のものだ。

耳やしっぽが少し異なるが、足跡やフンの形状含め、ほぼ同じである。

　二枚目は犬が登場していないものの、ユニークなデザインだ【写真10−11】。

　火のついたたばこと空き缶とフンだけが描かれている。不在を強調することで存在の痕跡を表現する高度なテクニックである。

　三枚目は街灯に貼られたシールである【写真10−12】。水

10-7

10-8

10-9

10-10

10-11

平になっている耳がかわいい。ビリ犬（@藤子不二雄A）のように空を飛ぶのかもしれない。

千葉ニュータウン中央駅から小室駅へ。改札を出て国道464号線をまたぐ歩道橋を渡る。近くにあった小室公園内に看板が設置されていた。その三種類の看板を三コマ漫画の要領で配置してみる［写真10－13～10－15］。

躍動感のある【DOGモ】に着目してほしい。こうやって並べると犬が公園内を疾走しているように見えないだろうか。大きなアメを持った女の子の横を抜け、姿かたちがよく似た茶色い【DOGモ】とすれ違ってもいる。

つづいて新鎌ヶ谷駅へ移動した。こちらは駅前の住宅街にあった［写真10－16］。【オリジナル系】とおぼしき看板で、市のマスコットキャラクターの「かまたん」（鎌ヶ谷の畑で生まれた梨と野菜の妖精）と一緒に登場している。友人同士で語り

10-12

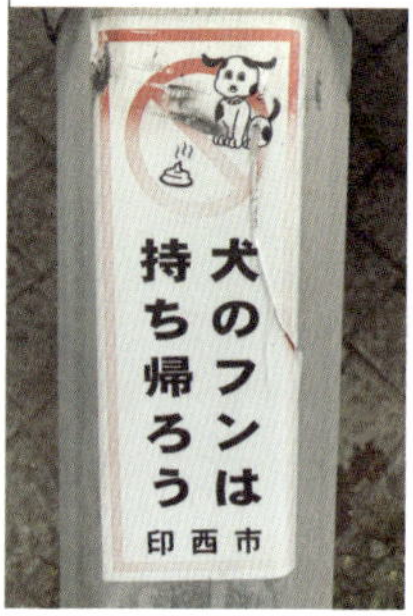

10-13

10-14

10-15

10-16

合っているようなおだやかな表情だ。

次は松飛台駅へ。松戸市にある駅はほかにもあったが、大きな霊園もあって見つけやすいのではないかと期待したものの、読みがはずれた。かなり歩いてもまったく見つからない。大幅に時間をロスして気落ちしていたとき、中華料理屋「東東」が視界に入った。その店名を食のレビューサイトで目にしたことがあったため、ふらふらと店内へ。チンジャオロースの定食を完食した。

松飛台駅を諦めて東松戸駅に着くと、すでに陽が落ちかかっている。当然ながら夜は看板探しがむずかしくなる。東松戸中央公園に行ったが看板はなく、近隣の東松戸ゆいの花公園に足を伸ばした。閉園時間が過ぎていて中に入れなかったが、入口横に看板があった【写真10−17】。

10-17

振り向き方が粋な【DOGモ】だ。こういった個性的な看板に出会えると一気に気分が明るくなる。時間が遅くなってしまったために市川市に行くことを躊躇していたが、この【DOGモ】に背中を押される形で急いで駅に戻り、北国分駅へ向かった。改札を出ると真っ暗である。夜に探訪をしたのは八王子市以来かもしれない。南口を出て公園に行く。ピクトグラムの看板と【フリ素系】をまずは発見した【写真10−18、10−19】。

つづいて三枚目だ【写真10−20】。絵文字のような

10-18

10-19

使われ方の【ＤＯＧモ】でどちらも愛嬌がある。

いつものように最後は【オリジナル系】で締めたいという欲が芽生えるものの、なかなか見つからない。Ｓくんが地面を見下ろしながら「これも一種の看板では」と声を上げたため、携帯電話の明かりで確認した［写真10―21］。

地面に貼り付けてあるタイプは本連載では初めてで、デザインも斬新だ。フンの入った袋をつかむ手の向こうに頭の大きな【ＤＯＧモ】がいる。遠近を強調した絵柄だ。それらを囲む赤い輪が一体なにを意味するのか不明だったが、そのそばに同種の看板を見つけたことで謎が解けた［写真10―22］。

右下のイラストに注目だ。帽子をかぶった警備員風の人が懐中電灯を中央に向けている。人物の背後には月と星が描かれているため、夜の風景だとわかる。つまり、この輪は懐中電灯の丸い明かりというわけだ。

私たちの一連の行動を肯定されたように感じた。最後の看板が夜にふさわしい一品だったからである。

10-20

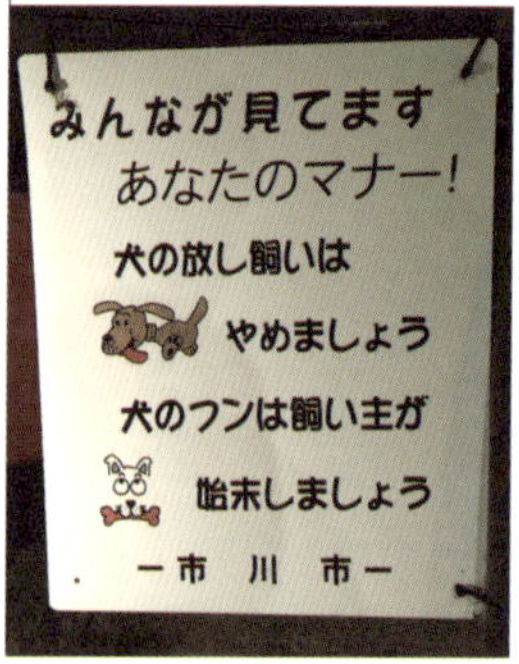

10-21

10-22

北総線での探訪はなかなかイメージ通りとはならず苦労もあったが、【オリジナル系】の看板も多く、次回の車での探訪が楽しみになった。

北国分駅からスタート地点だった京成高砂駅まで乗車した。ホームから階段をあがるとき、Sくんから「重大な過ちを犯しました」と唐突な告白があった。本連載を追ってくださっている読者の中にはSくんのおっちょこちょいぶりを楽しみにしている方も多くいるはずである。突然のハプニングは物語のスパイスであり、刺激としてはおもしろいが、私自身はいつもハラハラする。今回は一体なにをやらかしたのだろうか。

「コインロッカーにリュックサックを仕舞ったあと、お金は入れたのですが、カギを抜くのを忘れていました」

Sくんの巻き起こすアクシデントは常に意外性がある。リュックサックにはラップトップなどいろいろと高価なものが入っているという。松戸市あたりを探訪している際にロッカーのカギをかけ忘れたことに思い至ったらしいのだが、迷惑になると思い、黙っていたようだ。

「その時点でせめて駅に電話すれば良かったのに」

「たしかにそうですね」

Sくんが力強くうなずいたが、ロッカーはもう目の前である。急いで駆け寄って扉を開けた。はたしてリュックサックは無事であり、安堵のため息が漏れた。

東京湾アクアラインを渡る

それからおよそ一か月後のことだ。12月某日、都内にて朝9時30分に集合した。Sくんの運転する車で、千葉県へふたたび向かった。今回のルートはざっくりしており、〈福岡犬・遠征編〉で登場した成田空港のある成田市を最後にすることだけを決めていた。下道から首都高速道路に乗る。

東京湾アクアラインを走るのは初めての体験だった。かつて川崎から木更津までフェリーがあり、1997年に運航が終了した。その前年に一度だけ乗船したことがあった。

天気は快晴だ。東京湾に太陽の光が反射している。四半世紀前に眺めた風景を懸命に追憶しているうちに木更津市に到着した。山道が多く、こういった場所に看板はほぼないため、通過するだけになった。じきに市原市に入り、国道297号線をひたすら進む。急カーブが連続する下り坂に戸惑ったりしながら目を光らせるものの、ゴルフ場の看板くらいしか見つからない。そんなときに私たちを出迎えてくれる看板にようやく遭遇できた［写真10－23］。

スーツを着た【DOGモ】は前代未聞だ。眼鏡はツルなしである。赤いネクタイはアメリカの大統領の多くが着用する種類であり、活力や情熱や勇気などのアグレッシブな印象を与えるとされ、パワータイとも呼ばれている。一見ひかえめな様子だが、自らの役割に強い意義を感じているのかもしれない。

初っ端から興奮する看板と出会えたことで一日が終わった気持ちですらあった。これ以降に登場する看板はほぼすべて【フリ素系】であるが、この一枚だけでも十分満足度の高い探訪となった。

つづいては大多喜城のある大多喜町だ。

非常に状態の良い看板である［写真10－24］。てれている【DOGモ】の顔がピンクから赤へとグラデーションになっているのがよくわかる。

10-23

10-24

ちなみに1959年に建設された大多喜町役場中庁舎はかなりモダンな建物なのでおすすめである。その外観に見とれて思わず長居してしまったほどだ。

そろそろ外房の海が見たい気分だった。カツオの町としても有名な勝浦市の看板はどちらも【フリ素系】だった［写真10－25、10－26］。

その隣の御宿《おんじゅく》町はフリー素材として知られる「いらすとや」の看板と【フリ素系】の帝王【てれ犬】だった［写真10－27、10－28］。

予算や手間を考えれば、今後つくられる新しい看板は「いらすとや」が主流になっていくのかもしれない。そんなことを考えている間にいすみ市に入った。しばらくすると外観が派手な飲食店があった。敷地内や建物にやたらとカラフルな置物や貼り出しものがある。一度通り過ぎたものの、気になったので戻ってもらった。店名は「COCOの隠れ家」だ。看板犬のキュートなダックスフンドが出迎えてくれて感激した。

10-25

犬のフンは
あとしまつを
きれいなまちはマナーから
勝浦市きれいで住みよい環境づくり条例第15条
勝 浦 市

10-26

犬のフン禁止!
散歩中のフンは
後始末をしよう
勝 浦 市

10-28

犬のフン禁止!
散歩中のフンは
後始末をしよう
御 宿 町

10-27

ふんの始末は飼い主の責任です
必ず持ち帰りましょう
御宿町

チーズピザを食べ終えてふたたび出発した。いすみ市の看板も【てれ犬】だった［写真10－29］。

その次は一宮町だ。２０２０年に開催された東京オリンピックのサーフィン競技の会場でもある。こちらも【フリ素系】だ［写真10－30］。

10-29

10-30

サーフショップが並ぶ海岸線沿いを走り、長《ちょう》生《せい》村に入った。ここは千葉県唯一の村である。

その希少性を意識してかなりねばって探したのだが、残念ながら村名入りの看板は発見できず、千葉県と記載されたものだけを確認した。ほかの場所で見つけた同種の看板も一緒に並べてみる［写真10－31、10－32］。犬は一見すると同じに見えるが、目の形状が異なっている。猫の陽気な様子もかわいい。

このままチーバくんの背中から後頭部にかけて進んでいきたいところだったが、時間はすでに16時近くになっており、日の入りが迫っている。成田市までの最短距離を進みながら辺りを注視したものの、道中では看板を見つけることができなかった。

10-31

10-32

成田市に着いたころには完全に夜だった。成田空港から飛行機が飛び去る姿を眺める。あの輝く飛行機に乗ってどこか遠くに行くこともできたはずなのに、今の私は「犬の看板」を夢中で探しているのだと感慨深かった。

成田市役所近くの駐車場に車を停め、周辺を探索した。東成田線の高架下にある栗山公園には看板がない。JRの成田駅方面に行ってみましょうというSくんの提案に従う。高低差の激しい道が多く、なかなか疲れる。坂も階段も急であり、身体も徐々に冷えてきているため、なるべくはやく見つけたかった。

JRの踏切を渡ると眼下に住宅街があった。二手にわかれて探すことに決めた。絶対に発見できるという根拠のない確信があった。辻に来るたびにそれぞれの道の先を想像し、そのうちのひとつを選ぶ。

小さな空き地があり、フェンスに看板が取りつけられていた【写真10―33】。

「千葉県 成田市」と記載がある。市名の前に県名が付いているのは珍しいパターンだ。【フリ素系】ではあるものの、落胆する気持ちよりもようやく出会えたという達成感の方が強かった。

撮影後、Sくんに画像を送信して今回の探訪の終了を伝える。駐車場で合流して発車する。高速道路に乗った。途中のパーキングエリアでSくんが温かいコーヒーを買ってきてくれたため、小さく乾杯する。車内でのささやかな締めの儀式だった。

10-33

column 犬の看板から学ぶ

いぬしぐさ

ひとりボケひとりツッコミ

東京都世田谷区の犬

うっかり忘れていた自分に対して、「気づいてくれてありがとうございます」と右下で小さくコメントしている。未来の自分からのメッセージなのだろうか。

〈第十一回〉
東京犬・23区編
その2とその3

ゲスト：わかしょ文庫

コンプリートを目指して

十一回目の探訪は〈東京犬・23区編〉の〈その2〉と〈その3〉だ。今回は2回にわけて探訪しており、日程も同行者も異なっている。

〈東京犬・23区編〉の〈その1〉で9区（江戸川区、江東区、中央区、千代田区、台東区、文京区、葛飾区、足立区、荒川区）を訪れ、〈東京犬・都下編〉の滝口さんゲスト回で1区（世田谷区）を終えているため、撮影済みは計10区だ。〈東京犬23区編〉はすべての区の制覇が目的であり、残りは13区となる。

〈その2〉では「東京メトロ・都営地下鉄共通一日乗車券」を活用することにして、まだ足を運んでいない地域をなるべく効率よく回れるルートを作成した。事前段階では10区が目標だが、はたして結果はどうなるだろうか。

〈東京犬・23区編〉探訪マップ　赤＝今回の探訪地／オレンジ＝以前に探訪

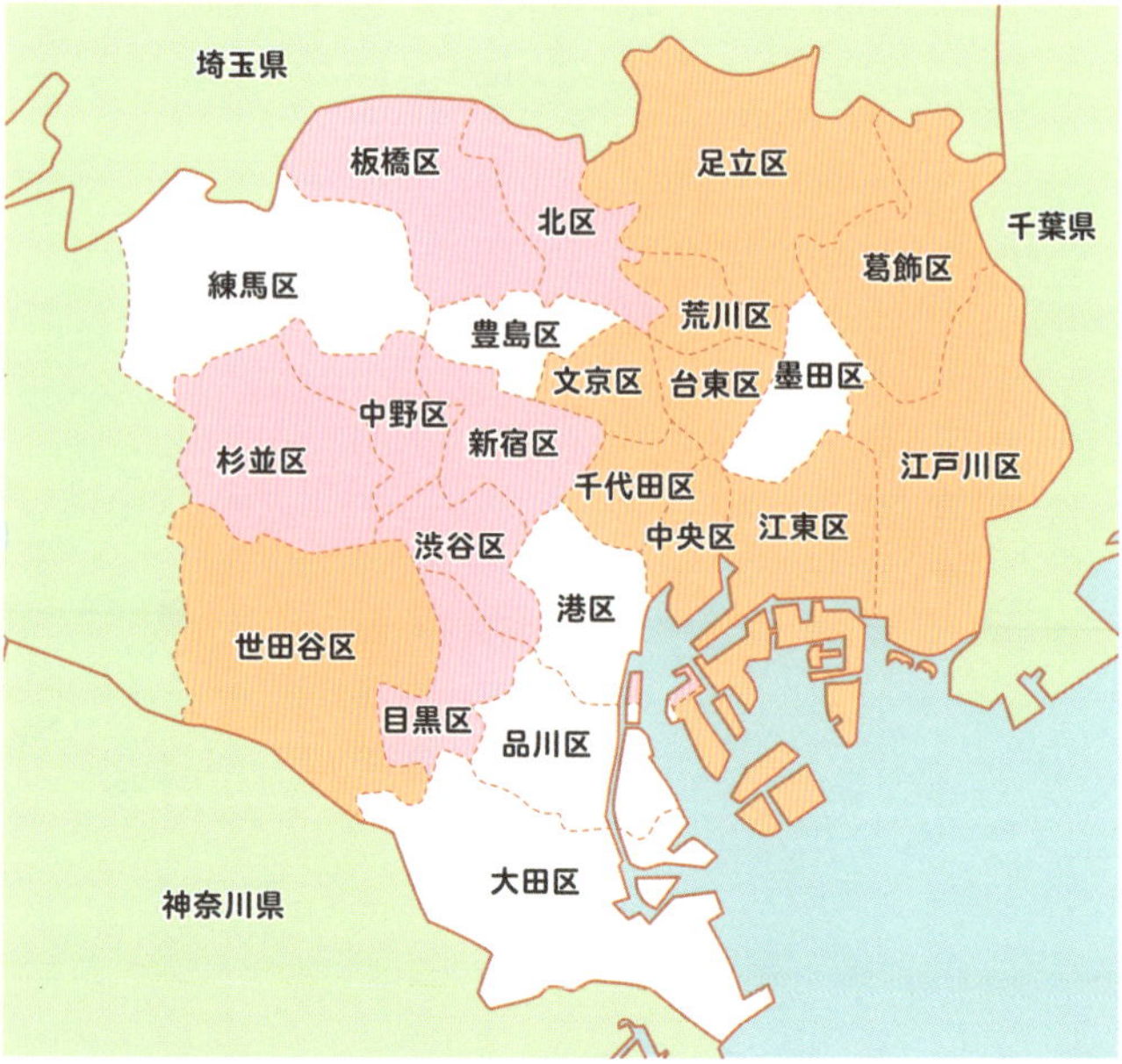

今回はゲストとして作家仲間のわかしょ文庫さんが参加してくださっている。『うろん紀行』（代わりに読む人、２０２１年）の著者であり、街歩きをして執筆するというスタイルの同志ともいえるだろう。「犬の看板」にも興味を持ってくださっていて、時々写真を送ってくれるため、お声がけしたところ快諾いただけた。

２０２４年１月某日、編集のＳくんとともに王子駅に朝８時集合とした。ここは北区だ。無事合流後、駅周辺にいくつか公園がある中、石神井川沿いを歩いて区役所横を通過しつつ、北区立中央公園に入った。狙い通り発見した〔写真11－1〕。フンを見つめる困り顔の【ＤＯＧモ】だ。似て非なる看板が近くにあったため、並べて紹介する〔写真11－2〕。

これは【模写系】と呼んでいるジャンルだ。元絵（一枚目）があり、それを模写した結果、どこかいびつな形の絵（二枚目）になってしまったと推測される。伝言ゲームで言葉が徐々に変化して崩れていくのと同様だ。

実はこの模写絵の方は東京都武蔵村山市にも存在している〔写真11－3〕。

11-1

11-2

11-3

他地域に広まったのが元絵（初代）の方ではないのがおもしろい。のれんわけの二代目がフランチャイズ化した現象である。

　駅に戻る途中でも元絵と同じ看板を見つけた【写真11－4】。ビスが【ＤＯＧモ】の耳の位置にあってピアスのようだ。一枚目の看板の細部を改めて確認すると、こちらは首輪のスタッズ風にねじが打ち込まれている。北区は看板を立体的にする技術に優れているのかもしれない。

　東京メトロ南北線で王子駅から駒込駅へ。こちら豊島区だ。三田線の巣鴨駅までの徒歩移動の間に探索したが、公園や線路沿いや巣鴨地蔵通り商店街でもまったく見つからない。諦めるまでにおよそ1時間30分ほどを要した。大幅なロスであり、無駄足を踏ませてしまったことに恐縮しきりだったものの、Sくんとわかしょ文庫さんは屋台で甘酒を飲みつつ揚げ餅を食べたりしている。その適度にくつろいだ様子を見て安堵した。


　三田線の巣鴨駅から板橋区役所前駅まで乗車した。こちら板橋区だ。区役所や保健所周辺に看板はなく、ここでも苦戦するかもしれないと不安が生じたころ、犬の気配を感じて階段を降りる。その予感に従ったことで四角い顔の【ＤＯＧモ】と出会えた【写真11－5】。

どこにも見つからない

　板橋区役所前駅から日比谷駅で乗り換えて日比谷線で神谷町駅へ。港区は看板

11-4

11-5

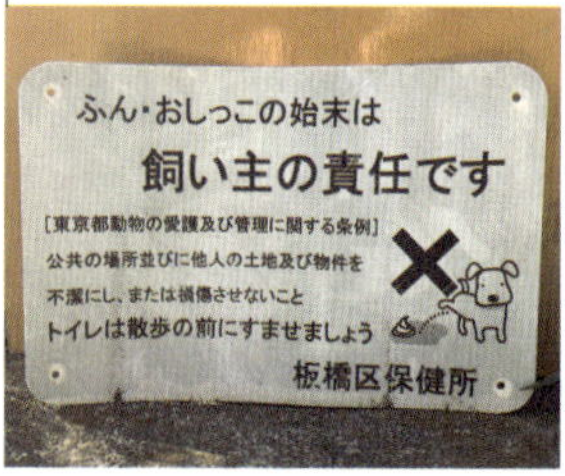

が少ないことを知っていたため、身がまえる。東京タワー周辺の公園などを巡ったものの、区の看板は見つからない。1時間ほど歩いたのち、ここでも断念を決意した。本物の犬にはたくさん遭遇したが、マナー違反の飼い主は少ないのかもしれない。美化啓発看板の設置数とその地域のマナーの意識レベルの関係が気になるところではある。

ゲスト参加のときはスタート地点で駅名看板を背景に写真を撮るのが通例だが、今回は失念していたため、芝公園にあった【シルエット系】の巨大看板とともにわかしょ文庫さんと撮影した。

神谷町駅から恵比寿駅へ。こちら渋谷区だ。東口を出てタコの遊具がある恵比寿東公園方面に向かう。その横を過ぎたあたりのゴミ捨て場で発見した【写真11−6】。舌を出したおちゃめな【ＤＯＧモ】だ。骨がでかい。

別途、植え込みの中に恵比寿広尾東地区の看板も発見した【写真11−7】。犬も猫も丸顔でかわいい。

喫茶店で小休止したあと、恵比寿駅から中目黒駅へ。こちら目黒区だ。豊島区と港区を取りこぼしたダメージがあり、ある程度歩いて見つからな

11-6

11-7

いと心細くなって引き返したい心境になる。「できれば公園ではなく路地とかで偶然に出会いたい」とわかしょ文庫さんからコメントがあった。弱気になっている場合ではないと気合いを入れ、目黒区役所方面に行く。攻めの姿勢が功を奏したのか、区役所に隣接する公園内の掲示板に一枚目があった。下に貼られた素朴な猫の【型抜き系】と違い、ずいぶんふてぶてしい【DOGモ】である「写真11－8」。

二枚目はくっきりとした影が印象的なデザインだ「写真11－9」。やや上側からの構図も珍しい。

三枚目は駅に戻る途中の目黒銀座商店街にある柱の下の地面に貼りついていた「写真11－10」。大粒の涙をこぼす犬が悲しい。

次々と遭遇できたことでようやく勢いがついた。中目黒駅から六本木駅を経由して都営地下鉄の大江戸線に乗り換えて西新宿五丁目駅で下車した。住宅街を抜ける。ここ新宿区では礼儀正しく座っ

11-8

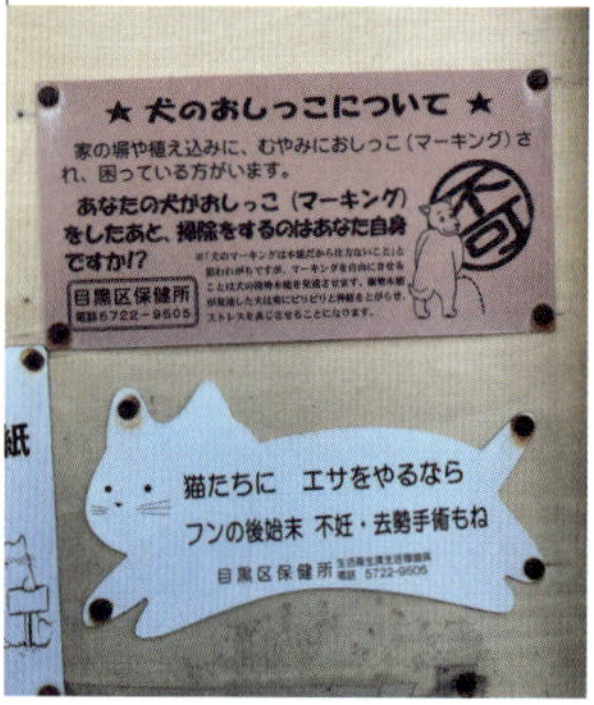

11-9

11-10

ている犬猫の看板と黄色い【型抜き系】を発見した［写真11－11、11－12］。

この時点ですでに陽が落ちかかっている。確実にいくなら【犬の看板天国】と認識している杉並区が良いだろうと判断し、中野区をとりあえず飛ばすことにする。西新宿五丁目駅から中野坂上駅を経由して丸ノ内線に乗り換えて新高円寺駅へ。かつてこの界隈に住んでいたというSくんが「絶対あると思います」と力強く断言した。その言葉通り電信柱に巻きついている看板を早々に発見した［写真11－13］。やたら簡素な犬である。手をあげている黒猫もユーモラスだ。

その裏側に別の種類もあった［写真11－14］。眠たげな表情をしている。

三枚目はぶち模様がチャーミングだ［写真11－15］。

11-11

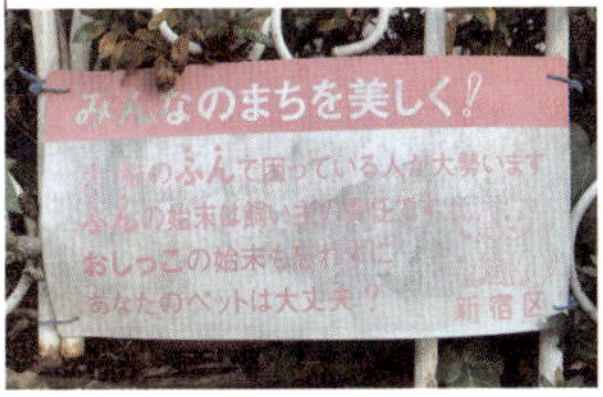

11-12

11-13

11-14

ぜひ第一発見者に

これらは改札を出てわずか数分の出来事であり、一気に欲が出てきた。わかしょ文庫さんに相談すると「元気です。夜になっても大丈夫です」との回答だった。頼もしい限りである。新高円寺駅に戻り、新中野駅で降りた。この中野区ではわかしょ文庫さんに第一発見者になってほしいという気持ちがあり、先頭を歩いてもらう。南の方へ向かうと大きな公園がある。わかしょ文庫さんはすでに「犬の看板の眼」を獲得しているのだろう。遠くの白い掲示物に小走りで近づいていき、「ありました」と報告してくれた。仲の良さそうな飼い主と犬の図柄であり、若草色が芝生のようで落ち着く【写真11－16】。

良い形で終われたという達成感があった。豊島区と港区は残念ながら先送りとなったが、全部で7区を回れたのだ。上出来だろう。打ち上げをするために中野駅までバス移動した。下車し、感想を交わしながら歩く。後半に行くに従ってばてるのが当然なのだが、わかしょ文庫さんは看板を見つけるたびに力を得ているように見えた。

11-15

11-16

11-17

「こういうときに不意打ちで看板があったりするんですよね」とつぶやいたところ、「これそうじゃないですか」とわかしょ文庫さんが指をさす［写真11―17］。

　初見の看板だ。水色があざやかなデザインである。犬のほうけた表情も良い。

　そのまま都道420号を南進して「らーめん花の華中野店」に入り、カウンター席に着く。担々麺を注文した。みんなで黙々と食事をとっているこんな時間が好きだ。それぞれの胸に今日出会った犬たちの姿が浮かんでいるのかもしれない。

その3

　23区の制覇まで残りは6区（豊島区、港区、墨田区、品川区、大田区、練馬区）である。今回は青春18きっぷを最大限活用するため、JR以外の電車には乗らないことに決めた。ちなみに

〈東京犬・23区編〉探訪マップ　赤＝今回の探訪地／オレンジ＝以前に探訪

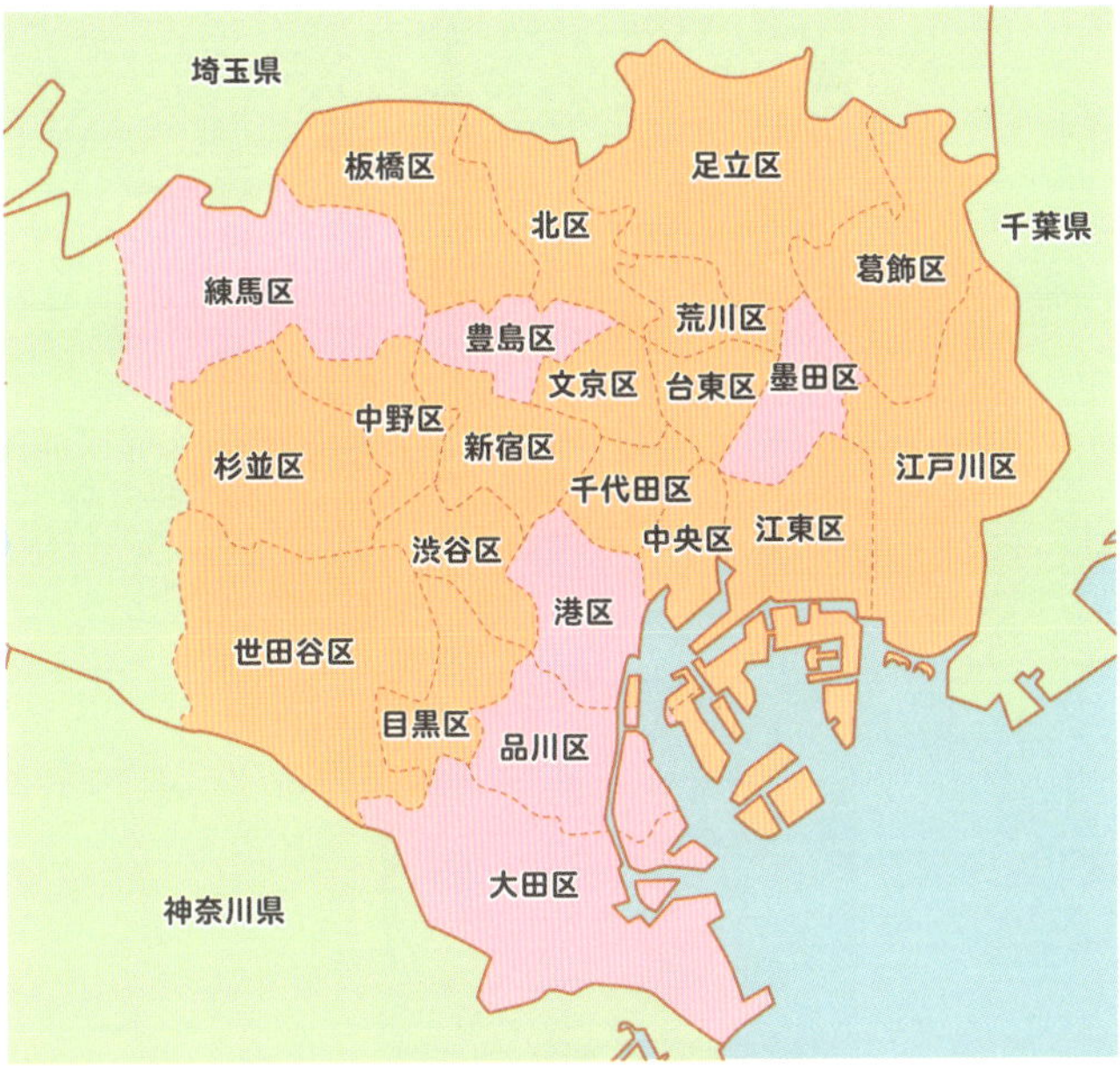

２０２４年１月現在、ＪＲの駅がない23区は世田谷区、文京区、目黒区、練馬区である。

ルートに関しては、山手線の目白駅（豊島区）、総武線の信濃町駅（徒歩で港区）、同じく総武線の錦糸町駅（墨田区）、京浜東北線の大井町駅（品川区）、同じく京浜東北線の大森駅（大田区）、中央線の吉祥寺駅（徒歩で練馬区）と、事前におおまかに定めた。

１月某日、後輩Ｎくんと朝７時30分に目白駅に集合し、〈その２〉で取りこぼした豊島区をまずは攻略することにした。長期戦も覚悟しながら目白通りを東に進む。うら通りは昔ながらの住宅街がつづくものの、看板は一向に見つからない。鬼子母神堂や雑司ヶ谷霊園の周辺にもない。１時間ほどが経過し、あわてて始める。池袋駅のような繁華街では遭遇の確率が低いだろうと判断し、都電荒川線沿いの東池袋辺りをくまなく探索する。ようやく発見した【写真11−18〜11−20】。三種類すべてラミネートだ。ハングルの警句があるのが珍しい。

１時間30分も歩き回ってラミネートの看板だけではさびしく感じたため、ふたたび路地へ。ねばっ

11-18

11-19

11-20

た甲斐あって【オリジナル系】とおぼしき看板を発見した［写真11－21］。てれながら脚をあげている器用な【DOGモ】だ。

かなり体力を消耗したスタートとなり、一息入れるため大塚駅近くの喫茶店「ボギー」に入った。バタートーストとコーヒーとゆでたまごのモーニングセットを注文した。

食事を終えたあと、山手線の大塚駅から新宿駅を経由して総武線に乗って信濃町駅へ。都道319号を青山一丁目方面に進む。ビルの下部に一枚目を発見した直後、その横の公園に二枚目があることに気づいた。どちらも【型抜き系】だ。「MINATO CITY」の表記が良い［写真11－22、11－23］。

意外とあっさり見つかったことに拍子抜けした。これ以上の深入りは止めて来た道を戻る。信濃町駅から錦糸町駅へ。ここは墨田区だ。北口の改札を出て公園をいくつか巡ったところ、ラミネートの看板が三枚見つかった［写真11－24～11－26］。

11-21

11-22

11-23

11-24

11-25

11-26

11-27

それぞれ味わいがあるものの、もう少し探すことにした。懸念していた豊島区と港区を最初に終えていたため、余裕がうまれている。北十間川沿いの団地群が気になり、その周囲をなぞっていると初登場の【型抜き系】を発見した［写真11－27］。丸い鼻がかわいい。

亀戸駅に向かう途中で中華洋食「喜楽」で串カツ定食を食し、亀戸天神社に寄る。亀戸駅から総武線に乗って秋葉原駅を経由して京浜東北線に乗り換えて大井町駅へ。ここは品川区だ。大森駅方面に向かって南下する。暗渠らしき遊歩道に一枚目があった［写真11－28］。

管轄名は大井土木出張所である。飼い主と犬が立ち止まってなにかを見つめている構図が良い。その視線の先にあるフンを想像してほしいというメッセージなのだろう。

二枚目は大きな足の【DOGモ】である［写真11－29］。【着ぐるみ系】だろう。

11-28

11-29

11-30

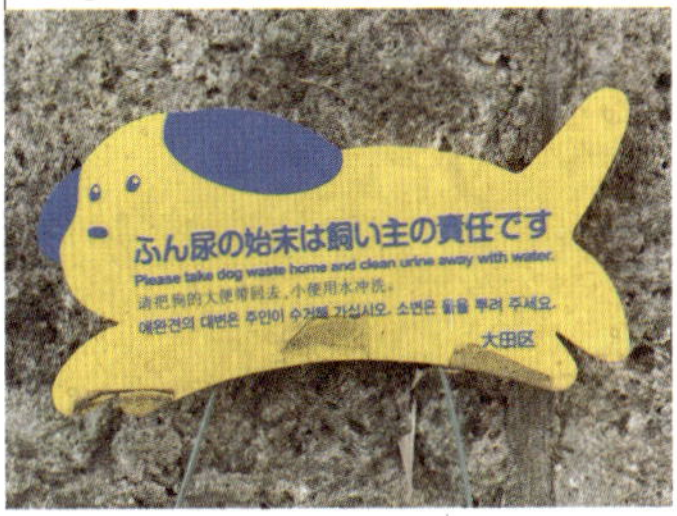

11-31

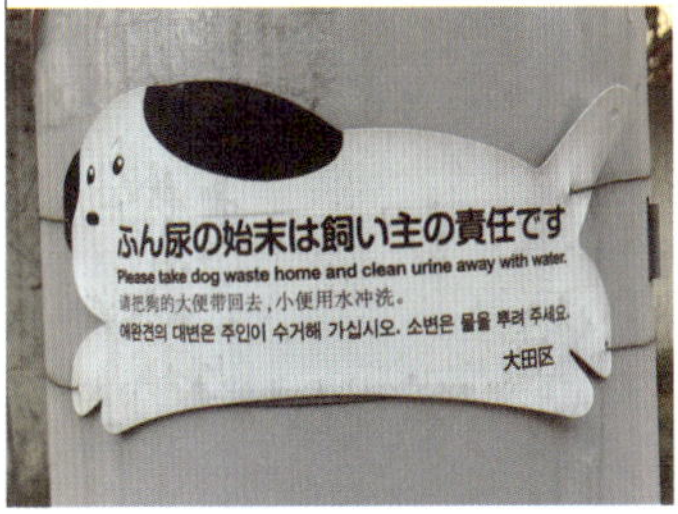

都道412号を進むうちに大田区に入った。大森駅周辺は看板がない。海とは反対の西の方に向かう。古い壁が連なり、いかにもありそうな風景がつづくものの、なかなか見つからない。坂をのぼったりくだったりするうちにようやく発見した。2種類の色違いの【型抜き系】だ【写真11－30、11－31】。目の形状が初めてみるタイプだ。

三枚目と四枚目はスカーフを巻いているスタイリッシュな【DOGモ】だ【写真11－32、11－33】。猫がいるバージョンといないバージョンがある。

初のわんちゃん呼び

急ぎ大森駅に引き返す。次でいよいよ最後の区となる。大森駅から品川駅で山手線に乗り換えて

11-32

11-33

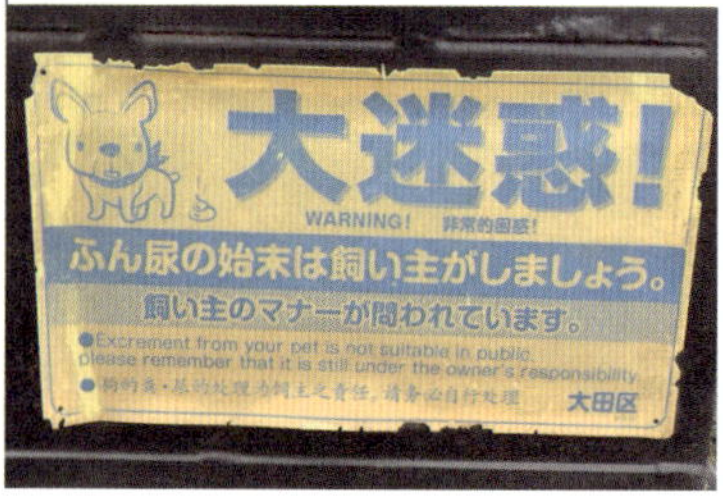

新宿駅を経由し、中央線に乗って吉祥寺駅で下車した。ここはまだ武蔵野市だ。しばらく吉祥寺通りを北進し、練馬区に入った途端、ガードレールに発見した。近くの生垣にあった看板もほぼ同じであるため、一緒に並べてみる【写真11－34、11－35】。犬のおどけた表情が良い。

これで23区すべてがそろったことになる。吉祥寺駅に戻る途中、記念すべき最後の看板を発見した【写真11－36】。【オリジナル系】だ。犬にたいす

11-34

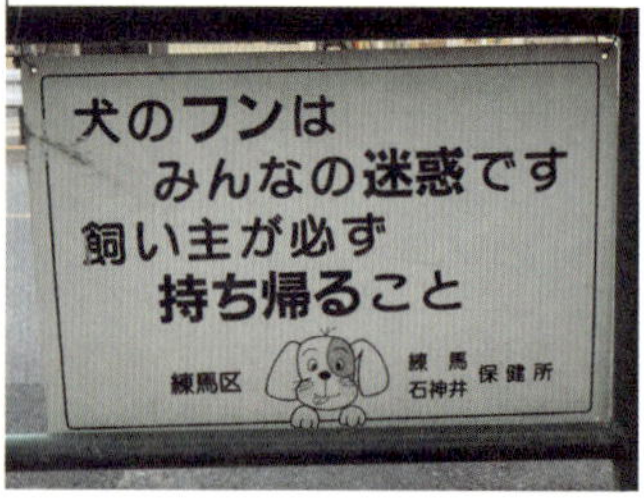

11-35

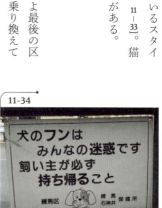

る「わんちゃん」呼びも、英語の長文の警告文も珍しい。

吉祥寺駅からくだりの中央線に乗車し、立川駅で南武線に乗り換えて谷保駅で下車した。ここには本連載の版元である小鳥書房の実店舗が存在している。営業時間内にどうにか間に合った。

編集Sくんと後輩Nくんを会わせたいと目論んでおり、それがうまく実現した。ふたりは「犬の看板」探訪記における大切な同行者であり、サブキャラクターでもある。23区の看板をコンプリートできたことを報告した。「もう本当に終わるんですね」とSくんが感慨深そうな表情を浮かべる。〈その1〉のときに頻出した【浮き足犬】に遭遇できなかったことが心残りではあったものの、都合三回に渡る〈東京犬・23区編〉を無事終えた余韻に浸りつつ、三人で思い出を共有し合った。

11-36

初出用語集

模写系…元絵を模写したような看板。元絵を模写した結果、どこかいびつな形の絵になっている。

わかしょ文庫

彼岸の太田さん

犬が現れると太田さんの関心は全て犬に向かう気がする。太田さんは犬100周囲0の状態になり、その場に自分がいてもいなくても変わらない感じになる。置き去りにされたようでさみしくなるのだが、犬を前に喜びを爆発させている太田さんを見るとこちらまでうれしくなる。だから感情の帳尻はあっている気もする。今までに数回そういうことがあり、そのたびに、

（太田さんが彼岸に行ってしまった）

と思っていた。彼岸は言葉や理屈の通じない世界であり、わたしは行くことができない。間にごうごうと音を立てて流れているのは三途の川で、あちらはきっと犬天国。

「かわいぬ」と「きたないぬ」

わたしはもともと一読者として、ｎｏｔｅで連載されていた「犬の看板探訪記」を毎月の楽しみにしてきた。しかし、ゲスト参加のお誘いをいただいてから、お返事するのに逡巡した。理由のひとつに、「自分は大の犬好きというわけではない」というのがあった。犬はけっして嫌いではない。どちらかというと好き。かわいいと思う。でも、犬ってみんな好きじゃないですか？　軽々しい好きではなく、大好きな人が多

くないですか？　犬の好き嫌いの中央値がだいぶ好きに傾いているから、わたしが犬を好きといっても犬好き偏差値は48くらいになるだろう。

犬はどちらかというと好きだが愛犬家はあまり好きではなく、ペットショップ・ビジネスは明確に嫌いだ。街には清潔な犬ばかりが溢れていて、犬が好きなひとの大半は、結局はかわいくて健康な犬しか好きじゃないんじゃないかと思うことがある。かわいい犬、「かわいいぬ」を大好きなひとはすでにたくさんいるから、あえてわたしが好きになる必要はない。雑種の犬とか病気の犬とか歳をとった犬、「きたないぬ」は、かわいいぬしか大切に思わない不貞の輩のぶんまでわたしがたくさん好きになってあげたい。わたしにはこの奇妙なバランス感覚だけがある。

申し遅れましたが、わたしはわかしょ文庫という名前でエッセイを主に書いている者です。文学系同人誌即売会の文学フリマなどで活動していて、言ってしまうとただの太田さんのファンかもしれません。太田さ

んには創作や人生の相談をさせてもらったり、「森君在籍時のＳＭＡＰのシール」や「石田純一の主演映画のポスター」をいただいたりと、いつも大変お世話になっています。わたしは、犬の看板を見つけたらできるかぎり撮影し、太田さんに確認してもらうことにしています。太田さんは以前、「前提として『かわいくない犬』がいない」と書かれていたので、信頼できると思いました。［注］

いざ冒険の旅へ

犬の看板探しは、スタート地点の王子から難航し、駒込、巣鴨にいたっては不毛の地だった。太田さんとＳさんは気をつかってくれて、ゲストに犬の看板をお見せできず申し訳ない、といったことを言った。わたしは内心、自分のせいではないかとあせっていた。

（大の犬好きってわけじゃないんだよなー）

というヨコシマな気持ちがＤＯＧモたちに見抜かれ、そちらがその気なら、とそそくさと姿を隠してしまっ

たのではないか、というメルヘンチックな妄想に囚われていたのである。
犬の看板を見つけるコツを太田さんに尋ねると、「体力勝負、ガッツ」という返答だったが実際にその通りで、草の根をわけながら地道に探し続けた。太田さんは犬の看板を探しながら、ハミングというか、歌っていた。なんの曲かはわかりませんでした。歌うことは大概の場合は敵意や戦意の対極にあり、歌っているだけで楽しくなることもあるはずだから、もっとみんな普段から街中で歌ったらいいのにと思った。でも、わたしはきっとこれからも外では歌わないだろう。

探している最中、Sさんが「こっちの路地も見てきますね」と言うとき、ついていくこともあればついていかないこともあった。後半は疲れてだんだんついていかなくなり、太田さんとわたしは黙って待っていて、Sさんだけ小走りで見に行く。しばらくするとSさんは、「なかったです」と言って戻ってくる。その感じが電話の親機と子機みたいで、そこまで失礼なたとえというわけでもないだろうし言っても別によかったのだけど、言わないで自分だけでそのイメージを楽しんだ。

天国への切符

犬の看板探しに常勝のメソッドは無いがおおまかな傾向はあるとのことで、公共の施設の周辺に多いという。住宅地の場合は、新興住宅地や高級住宅地よりも、築年数が経っていてごちゃついている庶民的な住宅地のほうが見つかりやすいらしい。徐々にわたしにも、なんとなくこの住宅街にはありそうだとか、わかるようになってきた。わたしはここで、はたと気がついた。犬の看板を自宅の周りに設置するひととは、犬好きとは限らない。むしろフンを嫌がり警告するくらいだから、犬に対してフラットもしくはマイナスの感情を持っている可能性がある。すなわち、太田さんよりもわたしのほうが犬の看板を設置する人に近い。ということは、わたしのような人間は、より看板設置者の心理を深く理解できるという意味で、犬の看板探しに向いていると言えるのではないか?

犬好きが高じて犬の看板まで愛してしまった太田さんを見てきたので、

「犬の看板＝犬へのとてつもない愛を表すもの」

という図式が頭のなかにできていた。しかし、よく考えなくてもわかることだが、それは誤りだった。犬の看板には、犬を深く愛している者にしか描けないよ

うな意匠も数多く存在し、犬好きたちの心を射抜いている。だが、看板を設置する人は、メッセージが伝わりさえすれば、デザインなんてどうだっていいと思っているかもしれない。

わたしは、犬を前にすると気後れしてしまうのに、犬の看板の前ならはしゃいでしまえる理由がわかった気がした。わたしは犬天国には行けないけど、犬の看板天国になら行ける。ちなみに犬の看板天国は各地にあるそうで、世田谷区にもある。世田谷区には実際に犬の看板がいくつもあった。

身体が覚えている

当日はとても天気がよく、わたしはだんだんとハイになっていった。照り返しで視界が白くぼやけるのを感じながら、わたしは歩みを進める自分のリズムによって、何かを思い出そうとしていた。てってってってと歩くそのリズムは、かつて祖父が飼っていた犬を散歩させているときのリズムと同じだと気がついた。小学生のころ、わたしは祖父母の家に遊びに来ているときはしょっちゅう、犬を散歩させていたのだ。

祖父の飼っていた犬は雑種のきたないぬで、外飼いの犬だったから、なでると手にべとべととした黒い脂がついた。鼻を近づけると臭かった。季節の変わり目に毛を引っ張るとたくさん抜けるのが楽しくて、犬のさみしそうな表情を無視して、いつまでも飽きることなく抜き続けた。ベースは柴犬だと思うけど茶色で大きくて、かしこくておとなしかった。きたないぬだけど目はつぶらだし、きれいな美しい犬だった。

散歩をしていると毛並みは光を受けて透き通り、一歩一歩進めるたびに大きな背中が左右に揺れた。舗装のされていない砂利道を散歩しているとふと誘惑に駆られ、わたしは走り出す。すると犬は呼応するように走り出し、というよりもはや、わたしを無視して、犬にとっての全速力を出そうと、ギャロップの足の運びとなる。わたしはあっという間にへとへとになって足がもつれ、立ち止まってリードをぐんとひき、犬はびいんとひっぱられる。わたしはしばらく立止まって息を整えてから、ゆっくりと歩き始める。犬がフンをすると拾ってビニール袋に入れ、歩いていると、またもや誘惑がむくむくと湧き起こる。わたしは走り出し、犬は全速力を出し、わたしはすぐに力尽きて犬はまたびいんとなる。散歩中に走り出すのはあぶないから母親に禁止されていたけど、道には我々以外誰もいないからばれやしなかった。共犯関係が妙に心地よかった。残念なことに、その犬は祖父が花火で脅かした拍子に脱走してどこかに行っちゃったんですが……。ちょうどそのころ、よく似た犬を飼い始めたひとが市内にいたので、おそらくそういうことでしょう。

久しぶりに、その犬のことをありありと思い出した。毛並みや匂いや体温や、足の運びのことを。わたしより妹のほうが、犬好き！　超好き！　という感じでその犬をよくかまっていて、わたしは、犬？　まあ好きだけど、とクールぶってその様子を遠目に見ていたけど、わたしもちゃんと犬が好きだったのだ。思い出すことができてよかった。

緩衝地帯としての犬の看板

すっかり日も暮れてお開きとなった。中野区の看板は、無事にわたしが見つけられたので安心した。

打ち上げで太田さんが、

「犬が嫌いなひととは究極わかりえないのかもしれない」

というような意味のことを言った。太田さんはそう言ったあとすぐに否定したが、大の犬好きというわけではないわたしはドキーン！　とし、正直に言うと、心のなかで（こわ）とつぶやいた。わたしは顔をとりつくろって担々麺のスープをレンゲですくい、ずぞぞと啜った。

でも、実際にこの世には犬が嫌いな人もたくさんいるわけで、犬が嫌いだからこそ犬の看板を設置する人だっていることだろう。だが皮肉にも、その看板によって歓喜する犬好きもいる。その意味では犬の看板は、

犬好きと犬嫌いの緩衝地帯と言えるのではないだろうか。犬の看板にはいつだってこんなメッセージが書いてある。

「犬のフンを持ち帰りましょう」

すなわち犬の看板は、異なる立場に立つ者同士のコミュニケーションを実践しているのだ。主義や立場が違ってもそれぞれを隔てる川なんてなく、同じ場所でやっていくしかない。ここを天国にできるかどうかは自分たち次第だ――ということを、もしかしたら我々は、犬の看板から学ぶことができるのかもしれない。言ってしまえばわたしはいつも、今いるこの場所を楽しむ姿勢や方法を、太田さんを通じて学んでいるのですが。

この日は四万歩以上歩き、お二人に健脚だと褒められて気分がよかった。自分が意外と歩けるということを知り、成功体験に味をしめて、用が無くても出歩くようになった。犬の看板を見つけたらもちろん撮影する。自宅の周辺は同じような看板ばかりでつまらない。

まだ誰も見たことのない（?）新しい看板に出会いたい。そして、撮影して太田さんに見せたい。決意を新たに早足で歩いていると、思わずフフフンと鼻歌がこぼれた。

［注］太田靖久「「犬の看板」探訪記《茨城犬編》」『生活考察Vol.06』、タパブックス、２０１８年 p.95

わかしょ文庫（わかしょぶんこ）

作家。１９９１年北海道生まれ。著書に『うろん紀行』（代わりに読む人）がある。『アンソロジスト』、『小説すばる』、『文學界』、『ユリイカ』など、各誌に寄稿。出版社トゥーヴァージンズのSIDE TRACKで「美しきもの見し人は」を連載中。

X（旧Twitter）：@wakasho_bunko

column 犬の看板から学ぶ

いぬしぐさ

寄り目自慢

東京都杉並区の犬

雲みたいなふわふわとしたものをつかみながら、気持ち良さそうにしている。堅苦しい警句などすべて忘れて、今現在をただ楽しんでいるのかもしれない。

〈第十二回〉

栃木犬編

いざ栃木へ

十二回目の探訪は〈栃木犬編〉だ。2024年2月現在、栃木県には25の市町が存在する。今回は日程と同行者を変えて電車と車の二回にわけて探索した。連載を重ねる中でどうしても既出の【フリ素系】が多くなり、各看板の分析や説明が簡素になってきているため、たくさんの市町を訪ねることで初出の看板や【オリジナル系】を発見する確率をあげたいという思惑があった。

以前に栃木県内で撮影した看板の一部を先に紹介する。栃木市、野木町、小山市、足利市である【写真12－1～12－4】。

別途、栃木県内には「栃木県動物愛護指導センター」名義の看板も多数設置されている【写真12－5】。

このセンターは「動物とのふれあいを通して動物愛護精神の普及啓発を行い、人と動物の共生す

〈栃木犬編〉探訪マップ　赤＝今回の探訪地

12-1

12-2

12-3

12-4

る地域社会の形成を目指すことを目的にしている」とのことで、所在地は宇都宮市だ。

およそ6年前の2018年3月にその宇都宮市を探訪したことがあった。当時発見した看板がこちらである［写真12−6］。【公募系】とおぼしき絵柄であり、この犬を【牧

12-5

12-6

歌犬】と名付けることにする。

　撮影場所の詳細な記録データはないが、たしか宇都宮駅の西口側にある田川沿いの手すりに設置されており、ほぼ等間隔で同デザインの看板が並んでいたはずだ。写真の背景に川があることからも記憶はおおよそ間違いないと推測できるが、現在どうなっているのだろうかと気になった。

　今回栃木県を探訪するに際し、〈福岡犬〉の【プンスカ犬】にならって【牧歌犬】の現存の有無を検証することにした。そのため【牧歌犬】の捜索も計画に入れつつ、青春18きっぷを活用した電車でのルート作成を行った。

ひたすら歩く

　2023年12月某日、朝7時30分に後輩Nくんと都内で合流し、宇都宮線に1時間ほど乗車して自治医大駅で下車した。ここは下野市である。東口を出て左に折れる。閑静な住宅が広がっており、掲示物がひかえめで「犬の看板」の気配はまったくない。こういったときは目標を公園に定めるのが無難であるため、近くの「祇園原公園」を目指す。ここで見つからない場合は厳しい状況になるかもしれないと嫌な予感がしたが、公園入口で【フリ素系】を発見した【写真12－7】。無表情な飼い主の雰囲気に加え、【DOGモ】のくわえているビニール袋が重そうでなにやらミステリーの導入を予感させるデザインだ。

12-7

つづいてひと駅隣の石橋駅へ。ここから上三川《かみのかわ》町はすぐある。交差点の柱に【フリ素系】の看板がくくりつけられていた【写真12－8】。何度も目にしてきたデザインではあるものの、フンの色が緑であることに初めて意識が向いた。

　石橋駅へ引き返す。宇都宮駅でＪＲ日光線に乗り換えて今市駅へ。「日光ランドマーク」の看板と屋上観覧車が目立つ。終点の日光駅を避けたのは観光地には看板が設置されていないのではないかと懸念したためだ。ここで無事発見できた場合は昼食にしようとＮくんと相談していたなか、カラフルな看板に遭遇した【写真12－9】。おどけた表情の【ＤＯＧモ】である。【オリジナル系】だろう。これで気分良く休憩に入ることができた。レトロな雰囲気の「佐藤食堂」ののれんをくぐり、６００円の親子丼を注文した。ほうれん草のおひたしと漬物としじみのみそ汁付きで美味だった。

　今市駅から鹿沼駅へ。こちらは鹿沼市だ。駅前のロータリーに松尾芭蕉の木像がたたずんでいる。一枚目のラミネートの看板には犬の代わりに市のマスコット「ベリーちゃん」が描かれていた【写真12－10】。いちごをモチーフにしたキャラクターらしく、その色味の影響だろうか、二枚目の【フ

12-8

12-9

12-10

リ素系】の看板はうっすらピンクがかっていた［写真12―11］。

鹿沼駅を出て宇都宮駅で乗り換え、JR宇都宮線で氏家駅へ。ここはさくら市だ。駅舎の壁面いっぱいに桜の花が描かれていて華やかである。線路沿いを歩きながら小さな公園に行くと【フリ素系】が二枚見つかった［写真12―12、12―13］。

この公園には別名義の看板もあった［写真12―14］。

さくら市は氏家町と喜連川町が合併したことで2005年に誕生した市であるが、その旧名の氏家町の看板が残っていた。

ひと駅先の宝積寺《ほうしゃくじ》駅へ。ここは高根沢町である。

12-11

12-12

12-13

12-14

12-15

12-16

ここではさくら市と同じ組み合わせの【フリ素系】があった［写真12－15、12－16］。

もう一度会いに

ここまで取りこぼしもなく十分な成果があった。いよいよ本命の宇都宮市に向かい、【牧歌犬】を探すことにした。宇都宮駅西口のペデストリアンデッキの階段を降りて「宇都宮餃子館西口駅前中央店」の横を抜ける。この店は朝6時30分からオープンしていてモーニング餃子が食べられるため、旅の途中に立ち寄ったことは今まで何度もあった。

じきに川に出た。ざっと眺めたところ、手すりに設置されていた看板がほぼ消えているようで不安になる。目当ての看板は左岸だったのか右岸だったのか曖昧なまま、川の流れに沿う形で左岸を進む。視線を感じて左手に視線をやったとき、カラフルな【DOGモ】たちと目があった［写真12－17、12－18］。犬の顔をデフォルメした大胆なデザインであり、カラーバリエーションがあるのもユニークだ。

先を行くNくんが手すりからずり落ちている看板を見つけた［写真12－19］。色飛びして白くなってはいるが、デザインはあの看板に間違いない。撮影して写真を比較する。背景の建物が異なっており、場所が違うことがわかる。

簗瀬橋を渡って今度は反対側を歩く。引き返すような格好になり、駅の方にだいぶ近づいたところ

12-17

12-18

だった。ふたたび看板を発見して撮影した。現在【写真12－20】と過去【写真12－6】の写真を一緒に並べてみるとはっきりするだろう。

山の向こうの太陽だけでなく、肝心の【牧歌犬】がステッカーによって隠されてしまってはいるが、看板の後ろにある複数の建物の姿形により、まったく同じ場所だと特定できる。

6年ぶりの再会は少し悲しい結末ではあったものの、時が経ったことを実感できて感慨深くもあった。川の流れと同様、すべては諸行無常なのである。

悪魔の誘惑

それからおよそ二か月後だ。二回目は編集Sくんの運転による車での探訪だ。3月某日の朝6時に都内で合流し、高速道路に乗って北を目指す。今回は主に栃木県の東側を制覇するのが目標だ。

途中で軽く渋滞があったものの、朝8時には佐野サービスエリアに到着した。フードコートで佐野ラーメンをすする。もちもちした麺は歯ごたえがあり、シナチクが太くておいしい。

12-19

12-20

12-6

佐野市のブランドキャラクター「さのまる」の像がたたずむ建物の入口近くに犬がたくさんいて、水を飲んだり、寝転んだりしている。威勢よく歩くトイ・プードルを目で追うと、その先にドッグランがあった【写真12－21】。

12-21

12-22

12-23

12-24

フェンスの向こうで数匹の犬たちがたわむれている。車に戻って再出発した。矢板インターチェンジで下道に降りる。適当な駐車場に車を停めて散策した。「わかしょ文庫さんとの東京探訪を経験して、たくさん歩くのは良いなと改めて思いました」とSくんが前回の探訪の感想を述べるなか、早々に【フリ素系】を二枚発見した【写真12－22、12－23】。

つづいて大田原市へ。「健康は自分に贈る事のできる最高のプレゼント」と掲げられたアーケード看板が目立つ美原公園の駐車場に車を入れる。

一枚目があった【写真12－24】。ワン・ツー・スリーと思わず声を出しそうになる大中小の【DOGモ】たちが整列している。ここにはご当地キャラクターの「与一くん」も登場している。源平屋島の戦いで

12-25

12-26

扇の的を射落としたといわれる弓の名手・那須与一宗隆がモデルである。

二枚目はジョギングコースのそばにあった【写真12―25】。のっそりとした大型の【DOGモ】と太いまゆげの飼い主の組み合わせが良い。

次に那《な》珂《か》川《がわ》町を目指す。県道52号から国道294号へ。「まほろばの湯」と記された案内がいくつもある。「温泉良いですよね」と、ゲーテの『ファウスト』に出てくる悪魔のようにSくんがささやく。ここで温泉に入れたらどれだけ気持ち良いだろうかと思いを巡らせながら、今ここにいる理由を自らに強く言い聞かせ、その誘惑から逃れた。

那珂川沿いに駐車場があった。川辺の広場でご年配の方々がグランドゴルフに興じている。その横に【フリ素系】を発見した【写真12―26】。

観光もしてみる

広場の近くに小さな売店があり、地元産のくだものや野菜などが売っていた。製造者の個人名が示されたおまんじゅうもあって、Sくんが買ってひとつわけてくれた。

ふたたび国道294号を走る。那須烏山市に入った。車を降りて「中央公園」で看板を探していたところ、地元の方に話しかけられた。雑談を交わすなか、「山あげ会館」と「龍門の滝」を紹介されたため、両方とも行ってみることにする。那須烏山市にはバイクメーカーの目黒製作所（現在

12-27

12-28

のカワサキ）の工場があったらしく、山あげ会館には関連する展示やグッズの販売もあった。龍門の滝は比較的小ぶりではあるものの、癒されるものがあった。

軽く観光もしつつ看板を探したが、残念ながら市名義のものはなく、栃木県動物愛護指導センター名義を二種類見つけた【写真12－27、12－28】。二枚目の方は絵柄が消えかかってはいるが、【オリジナル系】のようだ。

さらに国道294号を南下して茂木町に向かう。未完成に終わった長倉線の遺構がある町であり、その案内看板のそばにあった【写真12－29】。【オリ

12-29

12-30

ジナル系】とおぼしき【DOGモ】だ。こんなに愉快な犬が警句の看板の向こうからふいに顔を出したら思わず笑ってしまうだろう。

次は市貝町だ。役場を目的地に設定した。隣接する「さわやか広場」で汚れた【フリ素系】を発見した【写真12－30】。

芳賀町に移動した。公園の看板にはシルエット型の犬がいる【写真12－31】。栃木県ではグラウンドゴルフが盛んなのだろうか。

益子焼で知られる益子町に向かう途中、気になる看板を発見した。「かざぐるま」という喫茶店だった。入店してミートソースを注文する。茹で

12-31

12-32

置きのやわらかいパスタがいかにも喫茶店のスパゲッティという感じで楽しくておいしい。

益子町では、てれている【フリ素系】を見つけた【写真12－32】。

サロペットの犬

いよいよ今回の探訪の最後の地である。真岡市は看板自体の数は多く、いろいろなところに設置されてはいるが、文字情報だけで肝心の犬がいないものばかりだった【写真12－33、12－34】。

12-33
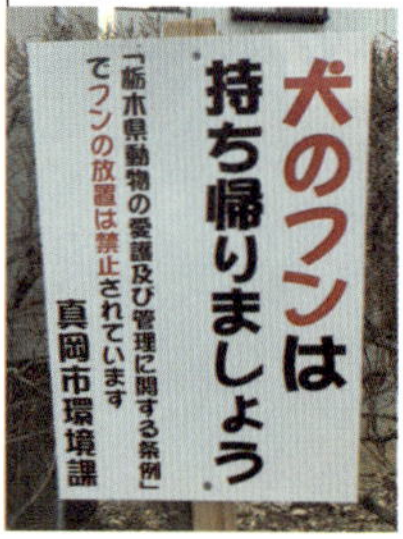

12-34

この二枚目の方の看板は「犬のフン」の茶色い文字が厚く塗られており、実物のフンの形状にフォントを寄せている感じがする。

三枚目はラミネートだ【写真12－35】。素朴なデザインが良い。

四枚目は青いデニムのサロペットを着た【DOGモ】だ【写真12－36】。

看板が派手に割れてしまっているのが惜しく、同じものがないかと公園から公園へと探索をくり返した。ようやく見つけたと歓喜し

12-35

12-36

12-37

12-38

たとき、少し様子が違うことに気づいた【写真12―37】。

大口を開けながら「GOMI」と書かれた袋を持っている点などは同じであるが、洋服の色は赤であり、文言から「犬のフン」の文字が欠落している。

青いデニムの犬に会いたいのになかなか見つからない。何度も落胆して諦めかけていたとき、ようやく遭遇できた【写真12―38】。

全体の色がくすんでしまっているため、服の色が青からネイビーに代わってはいるが、同じ【DOGモ】である。誇らしげな表情がとても良い。

この看板を見つけられたことで終わりを納得できた。軽い打ち上げをしようと、すぐ近くの「自家焙煎 真岡珈琲 ソワカフェ」に行った。店内は適度にうす暗く、山小屋にでも迷い込んだような非日常的雰囲気だ。薪ストーブがあって温かい。たき火が好きなため、火の動きに見とれてしまう。椅子に深く座り込むと、力が抜けて眠ってしまいそうなほど心地良い。

この連載も次の第十三回を残すのみであり、Sくんと遠征するのは今回で最後になるのかもしれない。彼の運転で様々な場所に行き、たくさんの犬たちと出会うことができた。

「これで関東の一都六県をすべて回った形になりますね」とSくん。コーヒーを飲みながら最終回の構想を話し合ううちに、外はすでに夜になっていた。

初出用語集

牧歌犬…牧歌的なDOGモ。宇都宮市の川沿いで出会う。

column 犬の看板から学ぶ

いぬしぐさ

挑発的ベロ出し

東京都渋谷区の犬

大きくベロを出して、こちらをからかっているようだ。これくらいタフでふてぶてしくなければ、渋谷という都会では生きていけないのだろう。

〈第十三回〉
関東犬・追憶編と参拝編

追憶編

最終回の十三回目は〈関東犬・追憶編と参拝編〉だ。そのタイトルだけを先に決めていたものの、具体的にどこに行くのかは未定だった。

　正直に告白するなら、本連載のクライマックスは〈福岡犬編〉だったといえるだろう。探訪の原点である【プンスカ犬】との再会を無事遂行したことで、大きく描いた輪は閉じられた。ただきれいにオチがついても終わらないのが人生であり、そのはみ出した部分にこそ濃厚なおもしろさが潜む場合もある。ささやかなカタルシスに酔って少し休んだら、またどこかに出かけなければならない。そのため、福岡県遠征以降も神奈川県や千葉県や東京都や栃木県を探索しながら、最終回をどうすべきかと逡巡していた。

　自ら名づけた〈追憶編〉の意味を考える。時間をさらに遡れば良いのではないかとひらめいたとき、腹にすっきりと落ちた。「犬の看板」の魅力に気づかないまま全国各地を訪れていた過去があり、そのころは看板の存在を意識せずに通り過ぎていたはずだ。そのなかにはすでに撤去されていたり、雨風を受けて朽ちたりしたものもあるだろう。そういったかつての無意識の愚行を口惜しいと思う一方、けっしてやり直せないという非情さこそが過ぎ去った時間の味わい深さだと感じてもいた。

古い記憶をたどる

　旅にまつわる古い記憶を探っていくと、群馬県の八ッ場ダムに行き当たった。その地を訪れた２０１３年１月当時は政治の混乱期でもあり、ダムは建設途中のまま放置されていて、巨大な十字架のような建造物が地面に突き刺さっていた。その後、政権交代などを契機にして２０２０年にダムは完成した。

夕闇のなかで目撃したあの風景の数々はダムの底に沈んでいるはずで、字義通り、絶対に戻れない場所である。あの巨大な十字架を見上げていた11年前の私の傍に「犬の看板」が静かにたたずんでいたのかもしれない。その甘美でノスタルジックなイメージが大きくふくらみ、同所を再訪したいという欲求が強く芽生えた。

２０２４年1月某日、青春18きっぷの使用期限の最終日かつ、残りは1回分だ。本連載では編集のSくんを筆頭に、後輩のNくん、そしてゲストの滝口悠生さん、田中さとみさん、鴻池留衣さん、わかしょ文庫さんに参加していただいた。つまりいつも誰かと一緒だったのである。でも私の普段のスタイルはひとり旅が基本で、連載前の「犬の看板」探訪に関してもほとんど自分だけで実行していたのだ。

八ッ場ダムのある川原湯温泉駅までの行程を調

〈関東犬・追憶編〉探訪マップ　赤＝今回の探訪地

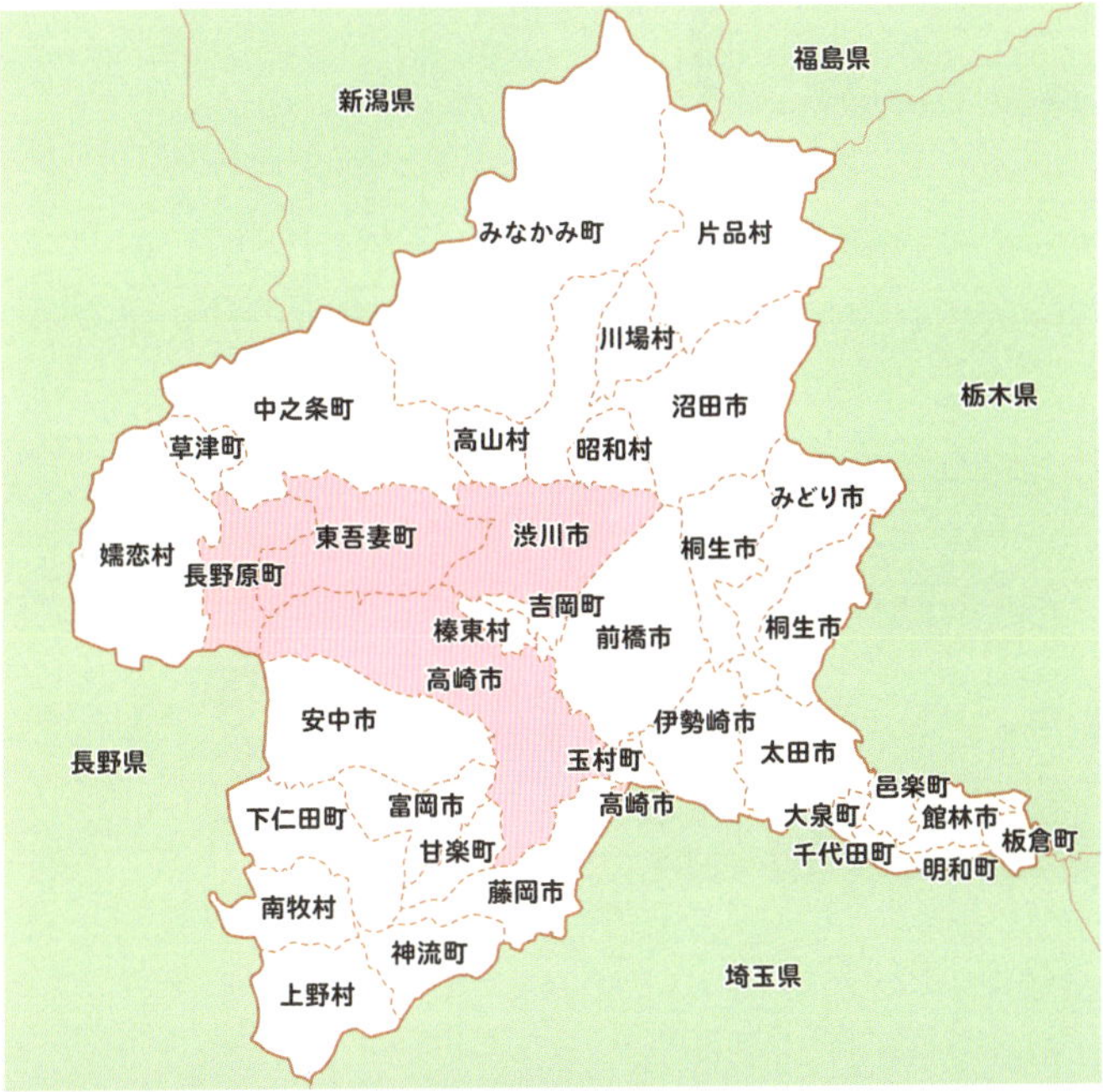

べた。都内から鈍行を乗り継いで日帰りできる距離である。ただこの連載は「犬の看板」探訪記なのだから、途中下車して看板も探すことにしようと決め、早朝に出発した。

ダムの場所へ

赤羽駅から高崎線に乗り、終点の高崎駅で一度下車した。駅周辺を調査する。以前紹介したのとは別の高崎市の看板があった。稚拙な絵柄ゆえのかわいさがある【DOGモ】だ［写真13－1］。

駅に戻って吾妻線に乗る。遠目に低い山々が連なり、畑や大きな工場があった。

渋川駅で下車した。ここは渋川市だ。改札を出てロータリーを抜ける。一枚目の【フリ素系】を見つけた。その近くにデザインがよく似た

13-1

13-2

13-3

看板もあった。比較するとおもしろいので一緒に並べてみる［写真13―2、13―3］。コリー犬はもちろん良いが、秋田犬らしき脚の長い【DOGモ】も非常に愛らしい。

　電車は1時間に一本ほどだ。渋川駅から群馬原町駅へ向かう間、ソーラーパネルが占拠している山肌が覗いた。群馬原町駅で下車した。ここは東《ひがし》吾妻《あがつま》町である。

　東吾妻町は2006年に東村と吾妻町が合併して誕生した。こちらの看板にはフンを置き去りにしていく犬が描かれているが、旧地名の吾妻町の看板はフンに突進していく犬である［写真13―4、13―5］。

　その絶妙に異なる様子を比較するため、横に置いてみる。こうすると犬が駆け抜けているように見えないだろうか。

　群馬原町駅から乗車した。岩島駅から隣の川原湯温泉駅までは長いトンネルがある。そこを抜け

13-4

13-5

ると雪景色が広がっていた。降車して改札を出る。駅舎自体が建て替えられており、その位置も高台へと移動しているようだ。ダムの水面からところどころ裸の木々が伸びている。青く透き通った水の色が美しい。あのとき目撃した巨大な十字架は橋脚の一部だったようで、その上を車が行きかっている。

当然ながら景色は一変している。道路も公園もなにもかも真新しく、飾り気がない。ここに「犬の看板」があるとは到底思えなかった。

ダム沿いの道を進む。共同浴場「王湯」があった。以前は山の中腹に管理費１００円の無人の「聖天様露天風呂」があり、熱い湯だった印象がある。

王湯ののれんをくぐる。入浴料は５００円だ。露天風呂に入ってダムを眺めた。冷えていた手足が温まるうちに、どうにかして長野原町の「犬の看板」に出会いたいという欲が徐々に高まってきた。

風呂を急ぎ出て、長野原町に存在する駅を検索した。川原湯温泉駅以外に長野原草津口駅と群馬大津駅の2駅あって、幸いなことに両方とも吾妻線だ。どちらに看板がある確率が高いだろうかと予測する。駅周辺の雰囲気で決めようと思いながら、くだり電車の時間が迫っていたため、少し走った。

無事に乗車した。川原湯温泉駅の隣の長野原草津口駅は周辺に建物が少なく、思い切って見送った。経験値に基づいた勘の要素もあるが、実際はただの運まかせである。次の群馬大津駅が頼みの綱だった。

無人駅で降りる

群馬大津駅は無人駅だった。小さなホームを降りると、目の前に小学校があり、校門横に看板があった［写真13―6］。

13-6

犬がずっと待っていてくれたように錯覚した。過去に戻ることはできないが、自分なりの方法で取り戻すことができたのだ。撮影後、タイミングよくのぼり電車が来たため、すぐに乗車した。東京に着くまでの間に余裕があればどこかの駅で降りようとも思っていたが、陽が落ちるのがはやく、高崎駅に着くよりも先に車窓の向こうは真っ暗になった。

車内にひとは少なく、とても静かだ。改めて長野原町の看板の写真を眺める。見慣れた【フリ素系】ではあるものの、そんなことはもはや関係なかった。この犬に出会うために遠出したのだと、じんわり感動していた。

参拝編

群馬での探訪を終えたあと、本連載の最後に犬への感謝を込めて犬の神様を詣でるという〈参拝編〉を構想していた。しかし具体的にどうすれば良いかと迷っていた2024年3月上旬、犬に関する気になるニュースを目にした。

国立科学博物館を訪れた中学生が「ヤマイヌの一種」と表記されたはく製が「ニホンオオカミ」ではないかと察して論文を書いたという。オオカミは犬のルーツであるといわれているくらいだから、専門家の間でも見解の相違が多々あるのだろう。動物考古学者のパット・シップマン氏は『イヌ 人類最初のパートナー』（青土社、2022年）

のなかでこう説明している。

ある標本がイヌのものであり、オオカミではないと推定させる解剖学的な違いの傾向や度合いなどはある。しかし単純明快な特徴というものは存在しない。オオカミではなくイヌだと一線を引く変化のほとんどは、行動に関するものだ。

ニホンオオカミはおよそ100年前に絶滅していると考えられているため、その行動様式はきっと不明な点も多く、犬との比較はむずかしいのかもしれない。

別途、動物研究者の平岩米吉氏の『犬の生態』(築地書館、1989年)にはこんな一説があり、骨格などを含めたオオカミと犬との共通点を証拠として提示してもいる。

一般に、犬の祖先はオオカミだと言われていますす。じっさい、それに相違ないのですが、しかし、これは言葉が少したりないので、本当は犬とオオカミは同じ祖先から出たものと言うべきです。

魔除けや盗難除けとして「おいぬ様」信仰というものが多摩地方などに存在することは耳にしたことがあった。「おいぬ様」と呼ばれる神様のお札を蔵や玄関に貼るのだ。元々は作物を荒らす害獣駆除にオオカミが役立ったことに由来しているらしく、その信仰でも名が知られている武蔵御嶽《みたけ》神社(東京都青梅市)では、「おいぬ様」はニホンオオカミであるとしている。

ここでもオオカミと犬の重なりが見えたことを興味深く感じた。編集Sくんと相談して、御岳山の山上に鎮座する武蔵御嶽神社を詣でることに決めた。山登りが趣味の彼は以前にも足を運んだことがあるらしく、「比較的初心者向きですよ」と軽くいうのだが、はたして本当だろうか。武蔵御嶽神社は犬同伴の参拝が認められている珍しい神社であり、犬の健康祈願も受けつけているとのこと。

犬の神様を詣でに行く

桜の開花予想の発表から数日後の4月某日、JR国立駅に着いた。約束の時間は朝8時20分で、それより少しはやい。駅構内のラックに置かれた旅行案内のパンフレットのいくつかを手に取りつつ、Sくんを待った。

群馬、山梨、福岡、日光などの地名が見出しに並んでいる。そのすべての地域をここ一年以内に訪れたのに、これらに載っているどの観光地や名所にも足を運ばなかったという事実がちょっと可笑しい。いつだって旅の目的は「犬の看板」で、我ながらそのブレのなさに呆れつつ、少し誇らしい気持ちになった。

無事にSくんと合流した。国立駅から青梅駅まで乗車し、奥多摩行きの青梅線に乗り換えて御嶽駅で下車した。そこからバスで10分ほど揺られ、御岳登山鉄道の滝本駅へ。そこから御岳山駅まで急斜面をケーブルカーで登る。乗車時間はおよそ6分だ。両駅の周辺には広義の「犬の看板」といえるポップがいくつかあったので一部を紹介する【写真13－7、13－8】。

車内にはペット連れの観光に際しての9つのルールが掲示されている【写真13－9】。ここでも【DOGモ】たちが大活躍である。

御岳山駅はすでに頂上のような雰囲気もあって見晴らしがとても良い。自動販売機の横にあった掲示板には、なじみの【型抜き系】が貼られていた【写真13－10】。青梅市名義の一枚目の看板である。

武蔵御嶽神社までは歩いて30分ほどとのこと。最初はほぼ平坦だが、最後は階段がつづくらしい。「歓迎　武蔵御嶽神社参道　御岳山へようこそ」

13-7

13-8

と記された2本の太い門柱のような案内の傍らに二枚目の看板があった［写真13－11］。以前の〈東京犬・

13-9

13-12

13-10

13-11

13-13

都下編〉で紹介した図柄である。

空を仰ぐ犬の仕草が良い。その近くに【フリ素系】の【DOGモ】を活用した三枚目の看板もあった［写真13－12］。

道中、江戸時代の高札を模した案内板もあった［写真13－13］。こちらのシンボルはニホンオオカミである。

国際色豊かな看板

階段の両脇には参詣者の講碑が所せましと配置されている。かつては相当なにぎわいがあったことを想像させるが、今はどうなのだろうか。ようやく階段を登り終えると、まずは拝殿前の青銅の狛犬の凛々しい姿に見惚れた。

参道や境内には英語なども併記された看板があった。こちらの二枚はどちらもシルエット型の【DOGモ】である【写真13－14、13－15】。

参拝をしたあと、社務所で心願成就のご祈祷をお願いし、拝殿内に案内いただく。こちらでは木彫りの「おいぬ様」が出迎えてくれた。ご祈祷後に権禰宜の方のご厚意により、少し話をうかがう

13-14

13-15

ことができた。
「犬の看板」を求めて旅をしている旨をお伝えし、「連載の最後に犬の神様にご挨拶しにきました」と告げると、「犬の神様ではないんです」と即答された。
質問を繰り返すうちに様々な事情があることを知ったが、写真家の青柳健二氏が『オオカミは大神 狼像をめぐる旅』（天夢人、2019年）で記していることがその経緯を端的に表していると感じられたため、私たちの会話の内容は割愛して、以下の引用に託す。

「お犬さま」は生物学的な「ニホンオオカミ」と同じではなく、あくまで信仰上のイメージである。日本では西洋と違い、狼と犬との区別はあいまいな部分があったという事情もあり、「お犬さま」信仰に「狼」ではなく、「犬」が加わってもなんら不自然さはないというのが日本的でもあるだろう。

このように、お犬さま信仰に現代的なご神徳が加わっていく（新しい物語が生まれる）ことで、お犬さま信仰はこれからも生き続けていくのではないだろうか。
その時代の人々の意識的・無意識的な願望や価値観の受け皿になるように、神社側も変わっていかざるをえないのかもしれない。

この文章の「新しい物語が生まれる」という部分には、「犬の看板」探訪の活動とも大いに通じるものがある。「すでにそこにあるもの」に改めて着目し、新たなエピソードや背景を創造して物語を豊かにしていくこと。

自分なりの信仰

「犬が好き」という単純な気持ちから始まった「犬の看板」探訪はこれでいったん終了とするが、

関東地方だけでも足を運べていない市町村はまだまだあるのだし、それ以外の地域のことも当然ながら気になっているため、今後もどこかへ出かけていきたいと思っている。

「犬の看板」を意識するようになってから、どこに行っても安心感を覚えるようになった。そこに「犬の看板」があるだけで親しみを感じられるし、犬に見守ってもらっているような気持ちになるからだ。そういった意味においても「犬の看板」探訪とは、私なりの「おいぬ様」信仰なのかもしれない。

というわけで、最後は本連載の版元・小鳥書房の実店舗がある国立市の「犬の看板」で締めたい。すがすがしい表情を浮かべて遠くを見つめている犬の様子が良い【写真13－16】。

13-16

column 犬の看板から学ぶ

いぬしぐさ

あなたの心に直接話しかけています

東京都板橋区の犬

吹き出し部分が空白であるがゆえに、様々な言葉が想像できてしまう。そのときに浮かぶ言葉こそが、この看板を見たひと自身の本当の声なのかもしれない。

解説

嶋浩一郎

ブリア・サヴァランは新しい一皿の発見は新しい天体の発明と云ったが、『犬の看板探訪記 関東編』を読んで、新しい「犬の看板」も新しい天体の発明なのだということを理解した。

この本を読み終えた多くの読者が太田靖久さんを抱きしめてあげたい気持ちになっているのではないだろうか。なんて崇高な仕事を成し遂げてくれたのだ！ と感動の涙を流しながら。いやはや、誰も褒めてくれないかもしれない地道な仕事をコツコツと成し遂げる人は偉大だ。なぜならその人はまだ誰も気づいていない新しい世界の法則を発見する可能性を秘めているからだ。検索ランキングを見て、その言葉を検索し始める人は、すでに他人が価値を与えたモノのフォロワーに過ぎない。まだ誰も価値を見出していないものに価値を見出し、新しい星座を描く人こそ偉大なのだ。彼らは地図のない世界に足を踏み入れ、そこに新しい世界を発見する。『犬の看板探訪記 関東編』は我々の住む世界を再定義しなおす、知的でクリエイティブな冒険の書と言えるだろう。

「犬の看板探訪」は茶道のような総合芸術でもある。茨城県ひたちなか市で出会う「犬の看板」に、「ははぁ、ここはフェスが開かれる場所だからこの犬は耳がヘッドホンみたいにでかいのか」と観察者の妄想は爆走する。アニメの街として売出し中の新座市で見つけた「犬の看板」に登場するＤＯＧモの笑顔にはアニメ独特の表情を読み取る。

茶道がお茶の味わいだけを愛でるのではなく、掛け軸を愛で、生け花を愛で、その時間と空間すべてを感じ取るように、「犬の看板」の求道者は、ＤＯＧモを世界の中心に据えた世界を旅しているのだ。

そんな曼茶羅世界に溺れるように一気に読んでしまったこの本。犬の看板のデザインに深い考察がなされ、驚くべき発見が次々と報告される。遠く離れた多分縁もゆかりも無いであろう自治体で同じＤＯＧモが見つかる。まるで同じ火炎式の縄文土器が日本各地で発掘されるようなロマンを感じさせる発見だ。この知られざる人気犬はいったい何処で生まれて全国に広まっていったんだろう？　いやがおうにも想像力が羽ばたいていく。

一つ気付いたことがある。そう、この本には一人も固有名詞としてのデザイナーが登場しないのだ。そうか、「犬の看板」はアノニマスなデザインなのだ。

ミッドセンチュリーの家具デザイナーとしてしられるチャールズ・レイ・イームズはデザインというのは『生まれた瞬間がない』と書いている。デザインというものは絶えず改良を繰り返していくべきだから、優れたデザインには生まれた瞬間がないという意味なんだそうだ。実際、イームズが作った椅子は木製合板のプライウッドを使ったものから、ＦＲＰ（強化プラスチック）へと素材が進化し、デザインも変化していった。

イームズはロータというインドの水差しのデザインについて語っている。ロータを眺めてみるととても合理的でシンプルで優れたデザインに見える。しかし、その水差しをデザインしたデザイナーは存在しない。いないというよりは、何万人の、いやインドだから何億人の人たちに日々使われることでロータのデザインは進化してきたのだとイームズは指摘する。

プロダクトデザイナーといわれる人が、ロータを見れば、その持ちやすさ、手触り、運べる水の量、保温性など水差しを作るにあたっていくつものデザイン・意匠上のチェックポイントを挙げることはできる、しかし、ロータはデザイナーがそんなことを一つずつ考えてデザインされたものではないのだ。ロータはすべての人達が日々の生活をとおして生み出したデザインなのだ。柳宗悦が発見した民藝の日用品もアノニマスなデザインとして知られる。そして、そのデザインは素朴で美しい。

全国各地の看板に登場する犬を著者は「フリ素系」と名付けている。「フリ素系」の犬はこっちの自治体にも、あっちの自治体にも登場する。しかし、これは同じだと思った犬が微妙に違ったりするのである。太っていたり、耳の大きさがちがったり、顔の向きが違っていたり。

全国で「犬のフンは持ち帰ろう」というメッセージの看板を制作している人たちは、犬の飼い主さん、つまり犬好きの人たちが注目する看板を作らなければならない。犬好きの人たちが反応するであろうデザインを、全国各地のデザイナーたちが同時に目指すことで、無意識にデザインの方向が統一され、同時にデザイナーひとりひとりの工夫が微妙な差異として発露していったのであろう。

東京都八王子市で見つかった犬が、はるか遠くはなれた九州の地でも発見される。まったく違う土地だけど、看板設置者の思いは同じ。きっと彼らは一生で会うこともないだろう。でも、東京都の公務員と、福岡県の公務員は違う時間に別の場所で同じ夢を見た同士なのだ。

そんなふうに日本の犬好きにむけた集合知として進化してきた「犬の看板」のデザインは、これからどうなっていくのだろう？　著者太田靖久の新しい天体を見つける旅に注目していきたい。

嶋 浩一郎（しま・こういちろう）

クリエイティブ・ディレクター、編集者。１９６８年東京都生まれ。１９９３年博報堂入社。２０００〜２００１年朝日新聞社に出向。『SEVEN』編集ディレクター。２００４年本屋大賞立ち上げに参画。２００６年クリエイティブエージェンシー博報堂ケトル設立。２０１２年ブックコーディネータ内沼晋太郎と下北沢に本屋 B&B を開業。音楽家渋谷慶一郎とラジオ NIKKEI で「ラジオ第二外国語今すぐには役には立たない知識」を放送中。著書に『欲望することば 社会記号とマーケティング』（松井剛と共著）など。

エピローグ

二、三十代のころは宿泊地の周辺でのイベントや温泉の有無など、丁寧に調べてから旅をしていた。旅から帰ったあと、魅力的な展示や催しを見逃していたことを知った際は心底落胆した。楽しむことに対して非常に貪欲だったのだ。

この書籍に登場する後輩のNくんとは20年近く親交があり、「犬の看板探訪以外でも頻繁に出かけている。旅の目的を共有して日取りを決めると、彼から綿密な旅のしおりが届く。バスや電車の乗り換え時間はもちろんのこと、食事処の候補がいくつもあがっており、気分や天候に応じた複数の選択肢が用意されていたりもする。そのマメさに感心したところ、「こういったやり方は太田さんから学んだんですよ」と言われ、驚いた。

今も必要があれば計画を立てることもできるが、衝動的に旅に出て場当たり的に対応する場合が多く、遠いむかし話のように聞こえたのだ。

そう考えると、この「犬の看板探訪記」において「Google のストリートビューなどを使ったネットでの下見はしない」というルールは、若いときの自分とはもっとも異なる点なのかもしれない。

その一方、探訪後にネット上で再訪することはある。福岡遠征を終えてから改めて太宰府天満宮の参道をストリートビューで確認し、あることに気づいた。

お土産屋の商品が軒先にまで並べられていて【プンスカ犬】が隠されていたから、最初は見つけることができず、閉店したあとに発見できたのだ。ねばったことの成果を喜びつつ、もし再会できなかったとしても、それはそれで良かったのではないかとも感じた。

事後に答え合わせをして正解を導くことは簡単だが、現在の時間を生きるなかでは、目の前の事象に夢中になり、迷い、うろたえ、真剣に悩む。その一連の過程にこそ、固有の旅のおもしろさがあるはずだからだ。

会えることは美しいけれど、会えないこともまた美しい。もし風景を取りこぼしたのなら何度でも戻れば良い。そんな風に思いながら「犬の看板」を日々探し求めているのである。

太田靖久

太田靖久（おおた・やすひさ）

小説家。2010年「ののの」で第42回新潮新人賞受賞。電子書籍『サマートリップ 他二編』(集英社)、著書『ののの』(書肆汽水域)、『犬たちの状態』（金川晋吾との共著／フィルムアート社)、『ふたりのアフタースクール』（友田とんとの共著／双子のライオン堂出版部）など。そのほか、文芸ＺＩＮＥ『ODD ZINE』の編集、さまざまな書店でのイベントや企画展示、「ブックマート川太郎」の屋号でオリジナルグッズ等の制作や出店もおこなっている。無類の犬好き。

表紙イラスト　🐾　an ideal for living
装丁・組版　🐾　岩間佐和子、向阪伸一（ニシ工芸株式会社）
図　　版　🐾　是村ゆかり
編　　集　🐾　落合加依子（小鳥書房）
編集協力　🐾　佐藤雄一（小鳥書房）
印刷・製本　🐾　シナノ書籍印刷株式会社

犬の看板探訪記　関東編

2024年12月26日　第1刷発行

著者　太田靖久　
発行者　落合加依子
発行所　小鳥書房
〒186-0003　東京都国立市富士見台1-8-15
電話　070-9177-8878（代表）

Printed in Japan
ISBN 978-4-908582-15-8